U0094993

都怪我的大腦！

揭露青少年大腦的驚人真相

Blame My Brain

My Brain

e Amazing Teenage Brain Revealed

妮可拉‧摩根
Nicola Morgan 著

王心瑩 譯

獻給我的女兒。
要是我能早點知道
所有關於青少年大腦的知識就好了！

如果人類的大腦夠簡單而能了解，
我們的頭腦就會太簡單而無法了解大腦。
——愛默生‧皮尤[1]（Emerson Pugh），一九七七年

目錄

作者說明 ··· 6

前言 ·· 7

大腦的基本知識 ··· 9

第一章

社交腦：手機、朋友、按讚與同儕壓力 ······· 21

測驗：你對各種螢幕類產品上癮了嗎？ ················· 42

第二章

強烈的情緒 ··· 45

測驗：你可以從別人的表情看出情緒嗎？ ············· 66

第三章

睡眠，以及許多相關問題 ······························· 79

測驗：你有多想睡？ ··· 98

第四章

冒險行為 ·· 101

測驗：你的冒險性格有多強大？ ··························· 126

第五章
女孩、男孩之身體、大腦與行為的差異 133

測驗：你的大腦具有男性模式或女性模式？ 162

第六章
黑暗面：憂鬱、成癮、自我傷害與更糟糕的事 165

測驗：你覺得很憂鬱嗎？ 188

第七章
讓你的厲害大腦變得更優秀 191

測驗：測試你的腦力 204

結論 209

後記 210

致謝 212

名詞解釋 213

建議進一步閱讀的書籍和網站 217

註釋 221

作者說明
為什麼寫這個新版本？

　　在大腦科學領域，七年是很長的一段時間！在這些年當中，以我們已知的知識為基礎，相關研究已經建立並確認無誤，因此我更新一些參考資料，也加入許多有趣的新鮮見解，或解釋得更清楚一點。由於網站連結經常變動，紙本書很難隨時更新，因此我把書中列出的連結和其他資料放在我的網站上，參見 www.nicolamorgan.com。

　　我加入一個新的章節「社交腦」，這是受到社群媒體的啟發；本書二版在二〇一三年出版時，社群媒體還不是生活中的重要事項。講到男性／女性差異的章節，我也做了修訂，以便反映全新的理解和不同的觀點。最後呢，這些年來，我們討論心理健康的方式和我自己在這方面的用字遣詞都改變了。之前兩個版本的語氣，有時候感覺太輕佻了一點。我一直與青少年並肩作戰，大家都知道我很有同理心，不會擺出一副高高在上的態度，因此我需要這個新的版本，對於在心理方面艱苦奮戰的人表達敬意。另一方面，有那麼多讀者喜歡先前的版本，如果把語氣輕快的部分全然刪除也不太好。青春期很難熬，有時候笑一笑是最棒的應對方式，但其中依然包含了尊敬與支持。

前言

　　所有的父母都曾是完美的青少年，模範人類，從來不曾喝醉、抽菸、罵髒話，或者整個早上都賴在床上。他們把自己所有的「激素」（編按：hormone，音譯為荷爾蒙）全都控制得好好的。事實上，他們可能根本沒有半點激素。他們十分冷靜，永遠面帶微笑，對周遭的每個人超有禮貌。

　　所有的父母都有健忘症。就是因為這樣，他們認為上面那段文字完全正確。

　　他們用高壓噴槍，把自己記憶中那些討厭的部分清除掉：痛苦的、黏膩的、發臭的、與激素有關的、生氣的、厭惡的。他們會告訴你，他們把自己的房間收拾得井然有序，而且每天吃晚餐前就把當天的功課依序做完。不只如此，冬天要去買煤塊、到森林裡砍木柴，還要在冷颼颼的街上賣火柴，賺到夠多的錢才能去一趟圖書館，當作特別的獎賞。要是膽敢對大人罵髒話，一定會被罰寫「我會乖乖聽所有大人的話」五百萬次。以前的考試比較難，他們也比較聰明，因為那個年代沒有影片／電玩遊戲／社群媒體。他們所有人都很窮，但是很快樂。而且在耶誕節那一天，他們最大的樂趣是跟家人一起玩比手畫腳猜謎遊戲。對了，在那之前要先把耶誕節的感謝信寫好。球芽甘藍？不，他們不喜歡吃那種苦苦的蔬菜，但永遠乖乖吃下去，因為很了解傳統上在耶誕節吃那種幼苗蔬菜的重要象徵意義。「幼苗」是人塑造品格的

7

階段。

　　其實只要知道青少年大腦的真實狀況，成年人就會了解自己根本逃不過大腦的特別行為模式。他們讀了這本書，必定會漸漸想起自己青少年歲月的真實樣貌。他們原本不了解的，也是這本書準備要透露的，就是青少年的大腦一直都很特別。大腦內部正在發生一些不同以往、引人入勝，也相當重要的事，而且發生在每一個人身上。其中有些事是全新的資訊，或是科學家近期才得知的證據。看了這本書的內容，大多數的成年人會覺得非常驚訝、深深著迷，而且茅塞頓開。

　　我想要提供的是，你們青少年大腦的幕後真相。所以，下次如果有人罵你都要吃午餐了還沒起床、天快亮了還不去睡覺、怎麼老是跟老師頂嘴、明知道對身體不好還要抽菸、反應太情緒化、愛做冒險的事、常常暴躁易怒等等，你大可這樣說：「別怪我，都怪我的大腦！」

　　其實，這樣說絕對不是藉口，而是一種解釋。一旦你得知自己的大腦到底發生什麼狀況，又為何會這樣，你就可以和大腦好好合作，不必為了種種狀況而倍感焦慮。擁有知識和理解就成功了一半。

　　只要知道自己的大腦內部發生什麼事，你甚至會決定要好好尊敬大腦、善待大腦。

　　繼續讀下去，準備大吃一驚吧！

妮可拉・摩根

二〇二二年

大腦的基本知識

你需要先知道一些事實，這本書的其他部分才能言之成理。你需要知道大腦的一些基本知識和運作方式。然後，等我後面用到像「神經元」（neuron）這樣的詞彙，你才會知道我在說什麼。萬一忘記了，可以回來這個章節查找。

大腦的基本知識 1：大腦裡面有什麼？

人類大腦包含的神經細胞（也就是神經元），數量介於850億到1000億個之間。每個神經元都有一部分很像長長的尾巴，稱為軸突（axon）；另外還有許多分支，稱為樹突

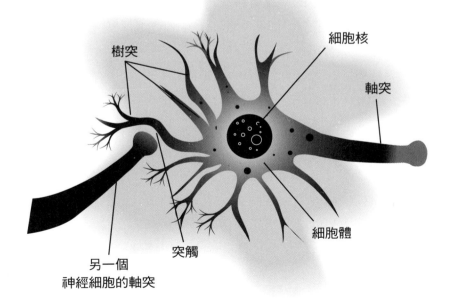

樹突

細胞核

軸突

突觸

細胞體

另一個
神經細胞的軸突

（dendrite，這個字源自希臘文的dendron，意思是樹木）。一個神經元會以超快的速度傳送訊息給其他神經元，方法是沿著軸突傳送一個微小的電流，先越過非常微小的間隙，稱為突觸（synape），再傳進其他神經元的樹突裡。這些訊息稱為「動作電位」（action potential），很多事情，包括思考、記憶、做決定和動作，就是這樣發生的。

如果神經元之間沒有互相溝通，你的身體就什麼事情都做不了。你做的每一件事，包括每一個思緒、動作、打噴嚏、情緒，甚至像上廁所這樣的事，都要透過上述那種極度複雜的分支網絡，由神經元以非常快的速度傳送正確的訊息。

你每次重複做同樣的動作，或者思考，或者回想起同樣的記憶，則特定的連結網絡就會再次活躍起來。這種狀況每發生一次，連結的網絡就會變得更牢固。而連結更牢固，你那個特定的任務也會做得更好。正因如此，大家才會經常說，多多練習可以做得更好。

不過呢，假如你沒有再次運用那些連結，它們可能會消失。因此，你會忘了怎麼做某件事，像是忘了某個事實或某個人名、忘了某個數學公式該怎麼計算，或者忘了如何以剛剛好的角度踢一顆球。如果你想要重新學習某件事，則必須透過再三練習，重新建立你的連結網絡。如果腦部受到創傷，例如中風，傷到某些協助控制走路或說話的神經元和樹突，則病人可能必須重新學習走路或說話。

我們所有人都擁有不同的能力。以鋼琴家和足球選手的

大腦為例，他們的不同腦區會有不同數量的樹突和突觸。

　　人類嬰兒出生時，大腦就幾乎擁有全部的神經元，不過樹突的數量很少，因此只有少數的突觸與它們產生連結。正因如此，小嬰兒什麼事都不會做。不過他們大腦的發育速度非常快，嬰兒的樹突發育最快的時間約是八個月大的時候。神經元的樹突數量可以多達數萬個，而一般的人類大腦可以產生100兆個連結。

　　大腦是由灰質（grey matter）和白質（white matter）所組成。灰質的主要構造是神經元，你會發現大部分的灰質都在皮質（cortex）裡，皮質是大腦外層的皺褶部分，厚度大約只有0.2公分。白質則多半位於皮質的下方，是由所有的軸突所組成，負責在神經元之間傳遞訊息。我們可以把灰質稱為「聰明擔當」，但同時還得擁有許多優良堅固的白質，否則灰質無法發揮什麼功能。

　　你還有另外一些大腦細胞，稱為「神經膠細胞」（glial cell）。這些細胞不能攜帶訊息，也不能讓你做什麼事，但它們負責支持神經元、提供養分，並協助移除廢棄物。

大腦的基本知識 2：鏡像神經元

　　有一種奇妙的神經元，稱為「鏡像神經元」（mirror neuron）。這些神經元最早是在一九九〇年代由義大利科學家[2]鑑定出來，讓我們開始深入了解人類如何學習。我們做某件事的時候，相關腦區的神經元會活躍起來、傳送訊息，讓我們能夠展開行動。但有些時候，光是看到別人做出某個

動作，就有一些神經元活躍起來，它們就是鏡像神經元。等到之後我們自己執行同一個動作時，也會用到那些相同的鏡像神經元。因此，我們看別人做某件事，看了好幾次之後，換成自己著手去做，會覺得比較簡單，就是因為有些神經元已經實際演練過那個動作。

所以，我們身邊眾人的行為舉止，應該會大大影響我們自己的行為舉止。而且不只年輕人如此，所有年齡層的人都一樣。這有助於解釋我們如何透過模仿來學習。

大腦的基本知識 3：產生連結

神經之間的連結並不是自己主動發生，也不是隨機產生，而是我們做某件事的時候長出來的。小嬰兒每一次試著注意某種物品，就會讓處理視覺的腦區多出很多神經連結，進而強化這些連結。此外，還牽涉到負責理解我們所看到的事物的腦區，以及負責記住以前見過的事物的腦區。

> 舉例來說，年輕的實驗大鼠（rat）花了好幾天學習穿越迷宮，然後科學家可以觀察實驗大鼠的大腦，確切計算出樹突增加的數目。[3]

我想，還有一件事也很有趣（雖然好像有點嚇人），就是科學家已經發現大腦的發育有一些很關鍵的時期，如果大腦沒有在適當的時機得到適當的練習，以後有可能無法學到某些能力。正因如此，如果你沒有在大約七歲之前學習外國

語言，以後還是可以學習說得很流利，但有可能永遠帶著錯誤的口音。也是同樣的原因，如果小嬰兒在大約八個月大之前沒有機會運用視力，往後的視力通常會受到影響。"不過我們還算幸運，多數的能力並不像上述那樣，就算錯過一些早期學習的機會，往後還是能學會大部分的能力。

如果你把大腦的細胞和連結想像成一棵大樹，就比較容易想像其中的運作方式。剛開始先想像一棵枝葉非常稀疏的樹木，如果你幫它澆水和施肥，就會長出更多枝葉。這有點像是你練習做某件事的結果：負責做那件事的大腦細胞開始發育，於是長出更多分枝，或者讓分枝變得比較堅固。

大腦的基本知識 4：各個腦區

每一個人都是獨特的個體，但是所有人的大腦都有一些相同的區域或部分，大致上採取相同的運作方式。（不過如果你非常非常仔細觀察個別大腦的運作方式，還是會看出一些巧妙的差異。）

我們從事各種不同的活動時，是由不同的腦區協助控制那些活動，但並不是像「這個腦區控制記憶、那個腦區控制動作」這麼簡單。記憶有各種不同的形式，動作也有許多不同的類型，而你在記憶和動作方面做得有多好，就要看各個腦區之間的連結有多好，以及它們之間的分枝或作用途徑能夠強化到什麼程度。若想了解這一點，有個方法是想像你彈鋼琴。如果要彈鋼琴，你需要用到的是如何彈奏鋼琴的記憶，以及你對某一首曲子所有音符的記憶；也要能夠控制身

體好幾個部分的動作，再加上負責控制視覺的一些腦區，以及專門控制手指的腦區。彈鋼琴牽涉到你的好幾個腦區，很需要它們通力合作。

所以呢，在這本書接下來的部分，我有時候會提到（其實還滿常提到的！）一個腦區，稱為「前額葉皮質」（prefrontal cortex），我會說它是「包含了控制邏輯推理、做決定和複雜思考的腦區」，但實際上更複雜，因為大腦有很多部分會共同運作。而說到所有腦區如何共同運作，科學家還有很多部分並不了解。

不過，我們還是可以這樣說：某些特定的腦區對某些特定的活動特別重要。

下一張圖要讓你看一些主要的腦區，以及它們協助控制的主要項目。你有兩個大腦半球，兩個半邊彼此看起來非常相似，也有一些相同的部分。兩個大腦半球是由「胼胝體」（corpus callosum）連接在一起，你所從事的大部分活動都由兩個半球通力合作，不過兩邊的作用方式略有不同。

你的大腦左半球負責控制身體右側的每一件事，
右半球則控制身體的左側。

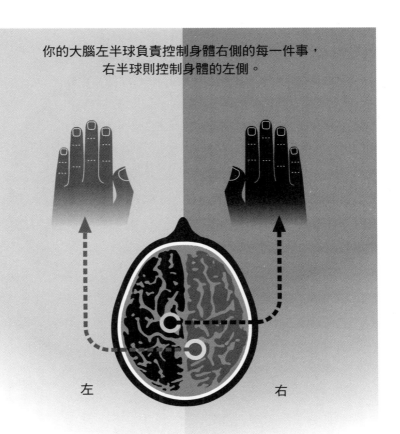

左　　　　　　　　右

大腦的簡圖

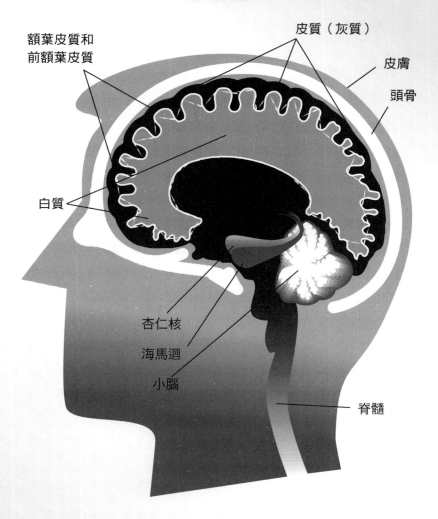

額葉皮質和
前額葉皮質

皮質（灰質）

皮膚

頭骨

白質

杏仁核

海馬迴

小腦

脊髓

大腦的基本知識 5：三歲迷思

科學家以前認為：

- 我們出生的時候就擁有全部的神經元，以後不會再長出更多神經元。——錯誤
- 大腦所有的生長和發育，幾乎全都發生在大約三歲的時候，之後就幾乎不再長出任何樹突或連結。——錯誤
- 五歲或六歲以後，神經元開始死去，永遠不能替換。——錯誤

這是所謂的「三歲迷思」，是錯誤的看法，認為所有重要的發育都在人生的最初三年之間就完成，此後每況愈下。

我們現在知道大腦持續發育，甚至往後一輩子都會長出更多神經元。是的，比較年長的成年人也可以學習新技能，在現存的神經細胞之間產生新的連結，有時候也長出新的神經元。對你來說，重要的是我們知道在「青春期」這個階段，灰質的體積大幅增加，而且有些腦區受到的影響比其他部分更大。

大腦的基本知識 6：窺探大腦之窗

我們突然對人類的大腦具備更多的了解是怎麼辦到的？逐漸增加的知識來自科技的進步，不必讓大腦的主人冒著風險，現代的科學家就能持續觀察活生生的大腦的內部情況。在此之前，若要仔細檢視人類的大腦，只能透過解剖，或者

使用掃描技術，包括要把放射性染劑注射到人體內。這表示科學家沒有機會仔細檢視健康的大腦，也不能一次又一次對同一個人進行掃描，因為那樣的技術對人體健康是有害的。況且，如果想知道一個人做某件事時，大腦會發生什麼樣的狀況，以前的方法根本派不上用場。

等到「功能性磁振造影」（functional magnetic resonance imaging，簡稱 fMRI）這項新技術出現後，一切為之改觀，當某個人做某種特定的活動時，研究人員就能仔細檢視他的大腦裡面發生什麼事。用功能性磁振造影掃描你的大腦，於是你做某個特定活動的期間，我們就能看出究竟是用到哪些腦區。

功能性磁振造影技術不會造成傷害，因此科學家現在可以針對健康活潑的青少年進行大腦的掃描、測量和比較。剛開始，科學家對於觀察到的狀況大感驚奇，也一直在青少年的大腦裡找到更多迷人、詳盡又深入的觀察結果。青少年的大腦真的很特別。

簡單聊一下基因

其實呢，我在這本書裡完全不打算談到基因。有些人可能覺得這樣有點怪，畢竟我們的基因（加上身處的環境，以及發生在我們身上的事）讓我們成為這樣的人，也在大腦的特性上扮演了非常重要的角色。基因是從我們父母（還有其他更遠的祖先）遺傳而來的密碼，可在身上的所有細胞內找

到。基因讓你和我不一樣，也讓你和兄弟姊妹的相似度比世界上的其他人更高。但基因與這本書不是很有關係，這本書談的是一般的青少年大腦有什麼樣的共通性，又與年紀較大或較小的大腦有什麼不一樣。如果你想要的話，也是可以怪你的基因啦；換句話說，就是怪你的父母，以及祖父母，以及你從來不認識的、所有過世的人。不過呢，還是深入了解你自己的腦袋比較有趣吧。

簡單聊一下科學研究和「一般狀況」

請注意，「典型」或「一般」的意思，並不是「全世界都這樣」。如果我說大家「傾向」或「一般」或「經常」做某件事，我說的並不是每個人都做，或任何一個人永遠都這樣做。每個人都不一樣，都很獨特。

如果你讀到一句話，像是「一般來說，與十七歲的人比起來，十二歲的人比較不擅長判斷別人臉上的情緒」，請記得：這並不表示所有十二歲的人都不像所有十七歲的人那麼擅長，只表示大多數人比較不擅長。

這本書並不是根據我的個人意見（除非我這麼說），而是根據我所閱讀的科學研究。真正扎實的研究是根基於成千上萬個例子而來，在理想的狀況中，例子要來自於很多國家，雖然並非永遠都能做到這樣。研究結果有可能是錯的，所以最好也不要只仰賴一項研究。只要有可能做到，我永遠都抱持這樣的態度。

很多事情都會改變。舉例來說，「75%的女生是這樣……」這種說法，有可能在某個時候是正確的，但過了十年之後就不正確了。

我做了最大的努力，讓內容盡可能真實和精確。我也努力讓遣詞用字表達得很精確。所以，「一般來說」就表示一般來說，並不是全世界都這樣！

簡單來聊聊你

你是人類，你是青少年，你是獨特的個體。所有的青少年都經歷過青春期，為你的大腦帶來一些特定的改變，但是不同青少年所經歷的改變並不會完全相同。你身上可能經歷了很多所謂「一般的」青少年行為，但也可能沒有經歷過。你在青春期的個人經驗，會受到「讓你成為你這個人」的所有因素影響，那些因素包括你的基因、生物特質、環境，以及昨天、今天和明天發生在你身上的每一件事。

你不會對這本書的每一件事情都感同身受，不過如果觀察周遭的朋友和同學，我想你會在書中的某些地方找到自己的影子。

第1章

社交腦：手機、朋友、
按讚與同儕壓力

「我想要融入團體，同時顯得突出；
既想與眾不同，又不希望受人注意。」

我們來認識索爾。

他想要認真做功課，不過一直有事情讓他分心。

他以前都早早把功課做完，現在卻好像變成拖延大王。

他到底出了什麼問題？

吃過晚飯後，索爾跑上樓回自己的房間。他有一大堆功課要做，包括寫完一篇報告，他真的很希望報告能拿到高分。索爾向來努力又認真，很有雄心壯志。他媽媽超開心，因為他每天晚上都乖乖待在房間寫作業。他真的在寫，對吧？總比跑去外面惹麻煩好吧。

他手上拿著手機。做功課之前得先查看訊息。等到把所有訊息都看完，他會比較專心。而且還要回覆，因為他不能不回覆朋友的訊息。

索爾用右手滑過一則則訊息，左手打開筆電。他回覆所有的訊息，當然，傳貼圖會比較快。他在Snapchat和

WhatsApp之間來來回回，還有他阿姨傳來的一種純文字簡訊（這可以跳過，因為大人發來的簡訊可以不用理會）。於是好幾分鐘過去了。

他瞥了筆電一眼，想要打開報告的檔案。上次用筆電最後看的是Twitch，所以它已經是開著的。好吧，他只會看看有誰在線上，也許給自己十五分鐘的時間？他會設定鬧鐘提醒自己。而且可以在Twitch和Snapchat之間切換。索爾是青少年，認為自己可以一心多用，跟父母不一樣。父母的大腦運作方式完全不一樣──他聽說是這樣（在網路上聽說的）。噢，他還需要查看IG。

等到再次查看時間時，他突然湧上一陣罪惡感，發現時間已經過了將近一小時，而功課都還沒開始寫。

他忘了設定鬧鐘嗎？或者只是沒聽到？還是因為滑抖音的時候（剛才有提到這個嗎），發現一段很棒的影片，是凱拉和她的一個同學上傳的，他忍不住在留言裡湊一腳？

索爾打開報告的檔案。終於啊。他有點驚訝，發現昨天沒寫多少。他開始打字。但現在沒剩多少時間了，他答應過媽媽不會太晚睡。而且還要寫數學作業。該死。他有點驚慌，拚命想讓腦袋專心思考報告。就算報告篇幅很短，還是有可能寫得很棒，對吧？

手機叮了一聲。他繼續讓目光停留在功課上面。寫一個句子。手機又叮了一聲，然後又一聲，再一聲。看來很有事哦，他非看不可。他知道應該把手機調為靜音模式，但是沒這麼做，而一旦知道收到通知，又不能假裝不知道。IG至

少有十五則訊息，來自不同的人。有他的好同學，魯本、安德魯、莎拉，還有其他幾個人。他沒有點開那些訊息，不過看到的字句夠多了，而且艾德的名字一直跳出來。噢，拜託，不要！索爾開始胃痛。他對艾德說過，他不想扯上那些事，也告訴艾德別那麼蠢。不過艾德最近不肯聽他的話。索爾的心怦怦跳。他不敢相信艾德會做那種事。但也只能相信了。

艾德曾經和索爾是好朋友，直到艾德開始用很不尊重的語氣談論女生，兩人才漸漸疏遠。其實不只艾德會這樣，而對此感到不滿的人也不是只有索爾而已，但艾德就是不肯罷休。索爾聽說有人慫恿艾德去拍女生的上空照，還分享在網路上。這些訊息會不會就是呢？天啊，他希望不是。索爾的姊姊是大學生，她曾告訴他，一直遭到異性批評、性暗示和開不雅玩笑是什麼樣的感覺。「物化」，就是別人把你當成一種物品，而不是一個人。索爾不想成為那樣的共犯。

索爾知道不應該點開那些評論，所以沒點進去。不過他已經看到一些，發現艾德顯然分享了那種照片。他的思緒瞬間轉個不停。他不應該扯上那種事。當作沒看到？還是應該說些什麼？告訴別人？不行，他需要專心寫功課。而且他有自知之明，沒辦法同時關注自己的功課以及那些事。

他把手機螢幕向下蓋住，那些通知才不會一直瞪著他。叮，叮，叮。他咬緊牙關，把手機設定成靜音，扔到床底下。使勁把注意力轉回到功課上，試圖再多寫兩個句子。但是沒用，他沒辦法控制心思。他重新拿起手機，點進抖音，

只是想讓自己想點輕鬆的事，想點好玩的事。然後他會寫功課。

　　但是又過了三十分鐘，功課連一點進展也沒有。索爾覺得好煩躁。

　　有沒有可能找媽媽談一談呢？不是艾德的事。關於那件事，他不曉得該從哪裡講起，那也不是他能解決的問題。而是談談他怎麼會一直忍不住查看社群媒體、栽進抖音的黑洞、老是拖延、功課永遠寫不完？他是不是有什麼問題？他的專注力簡直像飛來飛去的蒼蠅一樣。他覺得好像上癮了，明知道應該要打住，卻怎麼樣都辦不到。

　　這實在滿嚇人的。就像有某種事物掌控了他的心智，讓他無法控制自己的行動。要他把手機放到看不見的地方，怎麼會這麼困難呢？或者把手機關機呢？坦白說，那只要動一根手指就行了！

　　他媽媽是心理學家。她老是大談什麼正面的因應策略，以及你怎麼改變自己心智的運作方式。

　　索爾走下樓。媽媽埋首於自己的筆電，電視機也開著。「嗨，稀客哦。」她說話的時候沒有抬頭：「還好嗎？」

　　「媽，我需要幫忙。」

　　「親愛的，當然好。什麼事？」她抬起頭，一副全神貫注，「我真的在聽哦」的模樣。有人需要她的時候，她就會這樣。

　　「我就是沒辦法專……」不過她的手機叮了一聲。她看了看，用順暢而老練的動作拿起手機。

「親愛的，抱歉，讓我處理一下這個……可能很重要。工作方面的事。」

嗯，當然好，又是工作上的事。比聽自己兒子講話更重要？心思沉迷在跟人傳訊息、對社交上癮的人，到底是誰啊？

索爾轉身，回到樓上。

索爾和媽媽發生什麼事？

很多事！你可能已經注意到以下幾個狀況：

- 迫切想要與別人傳訊息。
- 很容易過度使用手機、平板電腦等螢幕類產品，而且覺得上癮。
- 社群媒體造成分心和拖延，影響力很強大。
- 試圖一心二用而造成的問題。
- 群體行為：人云亦云和同儕壓力。
- 不是只有青少年如此，成年人也一樣。

這些行為源自人類大腦神經元的「連線方式」。而正是因為這種連線方式，導致這些行為真的很難避免。你之後會發現，雖然成年人也有同樣的問題，但這種狀況為什麼對青少年而言，造成的問題更嚴重？

大腦的連線方式讓我們熱愛螢幕類產品？

我們大腦建立的連線早就被設定好，會採取一些特定的運作方式。自從數十萬年前過著狩獵－採集生活的祖先至今，這種連線方式的改變幅度非常小。

人類的大腦為了很多種行為而建立連線，其中有三種行

為與螢幕類產品和社群媒體這類主題特別有關係。我們建立的連線是要能夠：

社交：早期的人類若組成群體，生活會比較安全也比較成功。他們彼此分享所知，合作外出狩獵、建造住所、養育孩子，生病時也互相照顧。如今，我們依然從人與人之間的關係獲得益處，得到支援、合作、友誼和樂趣。人類的生物特性促使我們渴望社交方面的連結。

好奇心：早期的人類需要各式各樣的好奇心，像是如何製作更好的工具，或建造更安全、更溫暖的住所。也想知道河流、湖水的對岸有沒有更好的生活地點，或者越過那些山脈有沒有更多食物。如今，好奇心幫助我們學習各種技能和知識。

分心：古代的人類面對各種突發的動靜，很需要分心去注意，因為那些動靜有可能是掠食者或敵人。成功的大腦是容易分心的大腦！如今，分心讓我們有所反應，注意到各種問題和威脅，讓我們保持警覺。

　　我們的螢幕類產品設計得很出色，讓我們不斷有機會發展社交、發揮好奇心和分心。人類一直都是如此！
　　我們覺得好像有強迫症，「一次又一次」查看自己的各種螢幕類裝置。其實那是大腦的回饋系統讓我們養成了難以

停止的習慣。我們熱愛手上的各種裝置，不想關機，因為每次使用時，大腦的回饋系統就會活躍起來，加強我們的成癮行為。

青少年的大腦是超級社交腦

不管什麼年齡的人類，都很需要與他人建立關係。就算是喜歡獨處的人也需要朋友。如果你發生了真的很棒或很糟的事，卻沒有人能聽你說，想像一下會有什麼樣的感覺。孤單是影響心理健康的重大因素。

家人關係和朋友關係之間最大的差別，就是家人的關係應該是自動產生的，朋友的關係則必須去建立、培養。當然啦，有些家人之間的關係很淡薄，而有些友誼非常強固。不過在理想狀況下，即使你對父母或照顧你的人很沒禮貌，或把他們推開，他們還是會非常愛你。朋友的容忍度則比較差，如果你常常很沒禮貌或把他們推開，他們不會永遠都愛你。

在你人生的這個階段，很需要融入環境、交朋友，與同儕建立的關係比父母更緊密等等，這種社交的需求非常強大。比起父母在想什麼，你更關心與自己同齡的族群到底在想什麼！

那麼安靜、內向的人呢？

我說青少年是很強固的社交團體，但並不是說所有的青少年都喜歡參與熱鬧的團體，或去參加瘋狂的派對。我想說的是，人類天生就需要建立關係，而在你這種年紀的群體之中，友誼的連結更加強固。

很多人比較喜歡跟一、兩個人結伴從事安靜的活動，也需要享受很多獨處的時間。我們將這種人描述為內向的人，與他們相反的則是外向的人。有些人非常明顯地屬於其中一類。但你有可能覺得自己有時候很內向，其他時候則比較外向。

不過呢，內向的人同樣需要與其他人建立連結和友誼，只不過比較討厭吵鬧的環境和與人互動。他們覺得比較自在、較常參與的是小團體，或者一對一的情境。如果有足夠的獨處時間，他們會有充電的感覺。你不必覺得自己一定要成為某個吵鬧群體的一分子。你大可用比較安靜的方式參與社交活動，成功與人建立關係，那對你是最好的選擇。

同儕與群體壓力：追隨同儕而非成年人

成年人經常問我：「為什麼我家的青少年順從他們朋友的想法，而不顧我的想法，即使我的想法比較合理，或對他們比較好？」我的答案是：「因為他們非這樣不可。」青少年有種迫切感，想要得到朋友和潛在朋友的敬意，這種渴望

29

遠大於取悅父母。

請記住：你應該能夠依賴父母對你的愛，不過必須努力建立你與朋友的強固關係。

　　人類有種強烈的渴望，想要融入他們周圍的人群。成年人也是如此，不過這一點對青少年來說更加重要。你極度需要團體所帶來的安全感。

　　索爾曾經想辦法避開艾德那群人，你可以看出兩個原因：一是索爾的姊姊提出一些深入的觀點；二是索爾也有自己的團體，成員就是沒有參與艾德那種行為的其他青少年。如果沒有那群朋友，他可能更難熬。

錯失恐懼症

　　假設你到了學校，每個人都在談論前一晚發生的事，而你沒聽說，令你覺得被排除在外。就是這種「錯失」的恐懼，驅使你不斷查看手機，而不是專心把功課做完。這也讓你很難把手機關機或設定成靜音，如同索爾察覺的狀況。

　　每個人都覺得這很困難，不過你需要「前額葉皮質」來抵抗那樣的誘惑，而你的這個腦區卻常常沒有活躍起來執行任務。因為呢，你也知道，它還沒有發育完全。而且，如果你要融入周遭環境，這個腦區對你的重要性遠超過成年人。所以你面臨兩個問題：前額葉皮質比較弱，而想要跟著情緒

30

走的傾向又比較強。

知道自己有則簡訊還沒回覆，會降低你執行任務的
能力。[5]

對社交覺得尷尬和害羞

莎拉一簡恩・布雷克摩爾（Sarah-Jayne Blakemore）教
授是重要的神經科學家，研究專長是青少年的社交腦[6]。她
寫過這方面的論文，而她的研究有助於確認成年人經常觀察
到的狀況：與其他年齡層的群體比起來，青少年對於尷尬的
處境和同儕的意見比較敏感。請青少年想像某種社交上的尷
尬處境時，與成年人的大腦活性比起來，青少年的大腦活性
不僅比較強，活躍的腦區也有點不一樣。

我確實記得自己青少年時期的兩次尷尬事件，如果是現
在發生那種事，我只會一笑置之。那兩個例子都是關於別人
對我的看法。如今，我還是很在意別人對我的看法，只不過
年輕時尷尬的感受比現在強烈多了。

拍照使用濾鏡

如果你對自己的外表不滿意，或者覺得有人批評你的某
方面，你會很想用濾鏡來改變自己在螢幕上呈現的模樣。這
麼做似乎沒有害處，有時候也確實如此。但是，如果用濾鏡

改變你的模樣，等到看見自己沒用濾鏡的真實模樣，又有什麼樣的感覺呢？這會導致自尊心降低，而且過度關注你對自己外表不滿意的地方。

同樣的，雖然成年人經常感到害羞，也不滿意自己的身體形象，但青少年的感受比較強烈。你變化得這麼快，能不能融入環境就超級重要。社交腦，以及想要成為團體一分子的需求（無論是什麼樣的團體），都有超強的影響力。

過度分享和網路霸凌

「網路去抑制效應」（online disinhibition effect）是美國心理學家約翰·蘇勒（John Suler）創造的詞彙，描述這樣的事實：比起面對面說話或打電話，人們在網路上活動時比較不謹慎，各種年齡的人都如此。我們匆匆發出即時訊息或留言，沒有預先考慮後果。大多數人並不是惡毒刻薄的人，但沒有看到結果的時候，比較容易做出惡意或輕率的議論。網路酸民和霸凌太容易逃過懲罰。

然後，分享照片或影片也是問題。在這一章的開頭，艾德曾分享女孩的上空照片。我們不知道那是怎麼拍到的，但可以確定她不希望有人分享那種照片，也沒料到會有這種事。使用社群媒體，很容易分享任何東西給很多其他人，經常超出你的控制範圍。艾德犯了一個非常嚴重的錯誤，事實上是一種犯罪行為，因為在那個熱頭上，他很容易就把照片分享出去，沒有考慮後果。

我們為什麼經常犯下這樣的錯誤？而且為什麼到了網路上，一些正派的好人這麼欠缺考慮，而惡毒刻薄的人甚至更惡毒？科學家提出了各種理論，其中有兩個因素與你和你的大腦最有關係：

又是前額葉皮質：若要抗拒這些衝動行為、做出謹慎的決定，我們很需要前額葉皮質，而既然你的前額葉皮質還沒有發育完全，你就有可能比成年人更容易犯下這類錯誤（不過很多成年人也會犯這種錯）。

又是社交腦：要交朋友和建立關係，牽涉到分享我們的個人資訊和自身的參與。我們大腦的連線方式是設定成要彼此分享（但有時候會過度分享）。點擊按鈕送出資訊或照片是很簡單的事，抵抗這種誘惑比較困難。大腦的連線方式就是這樣，讓我們想要與其他人發展關係，而青少年的渴望又比其他年齡層更加強烈。

> 你可以做出良好的決定，只是要比一般的成年人更加努力嘗試。等到你設法讓自己的前額葉皮質控制情況、做出正確的事，那麼你也值得比成年人得到更多讚美！雖然我覺得你不會常常得到讚美啦。

專注相對於分心

我們的螢幕類產品設計得很出色，令人容易分心。於是，我們有很多機會去做大腦神經元的連線方式設定要做的事，也很樂意去做，就是從事社交活動、發揮好奇心，以及分心。去接收朋友傳來的各種網站連結，以及會動的圖像、影片、知識、通知和訊息。

要專心做功課實在很難，而點開另一個遊戲、影像或訊息往往比較好玩，也比較容易。如果有某件事比較容易，我們就比較想做那件事，而不是做比較困難的事。

很多人，包括我自己，所犯的錯誤是同時打開好幾個3C裝置、視窗或應用程式。我們在各種事項之間跳來跳去。作家琳達・史東（Linda Stone）創造出「持續的局部注意力」（continuous partial attention）這個詞彙，用來描繪上述的狀況。

如果事情很簡單，像是回覆一則電子郵件或查詢某項事實，可能也不是什麼問題。不過如果事情很困難，或者感覺不有趣，一旦跳來跳去，就沒辦法把事情做得很好。你也看到了，這對索爾來說有多麼困難。他明知道自己應該把手機關機，但沒有這樣做，直到一切都已太遲。

我們在嘗試要一心多用。但無論成年人或青少年，那都是行不通的！[7]

「專心一意」和「一心多用」大揭祕

- 沒有證據顯示人類保持專注的時間正在縮短，但你不時會讀到一些誤導的說法宣稱是如此。其實不可能測量人的專注力能夠持續多久，因為這常常關係到周遭的狀況、自己的心情，以及別人要求我們專注於什麼事情。[8]我敢打賭，如果是你喜歡的遊戲，你可以專注很久很久！

- 你可能認為自己會漸漸習慣所有分心的狀況，變得比較能避免分心，但有證據顯示，花比較多時間嘗試一心多用的人，反而比較容易分心。[9]

- 手機放在視線內，會降低寫作業、讀書的表現，即使手機沒有發出叮叮聲！[10]

- 猜猜看，你需要哪個腦區把專注力拉到功課上，而不是放在有趣的社群媒體上？是的，你的「前額葉皮質」！

一心多用的問題

　　你有沒有試過同時聆聽兩組對話？聆聽一組對話就占掉大腦許多的「頻寬」或注意力，沒有足夠的空間能同時處理另一組對話。閱讀、寫作、數學計算、解決某個問題、做功課、學習知識⋯⋯這些事都耗費了大量的注意力。我們做一件事時，剩下的大腦「頻寬」沒有多少，因此面對這個狀況得要小心一點。

　　即使有這樣的刻板印象，即使索爾這樣認為，其實青少年沒有比成年人更會一心多用，女性也沒有比男性更擅長一心多用。如果能好好專心做一件事，把分散注意力的事物都排除，則幾乎每個人都能把需要高度專注力的工作做得比較好。

　　問題在於，我們經常同時開著兩種螢幕類產品或應用程式。索爾如此，他媽媽也是——她同時開著筆電和電視機。我們應該幫自己一個忙，好好專注於自己的功課。需要把事情做好時，專心只做一件事吧！

　　雖然專心做一件事是個好主意，但聽音樂倒是可以幫助集中注意力，因為音樂可以阻擋其他分散注意力的事物，像是噪音或擔心的念頭。不過，你需要的是熟悉的音樂，是你親自挑選的音樂，而且不要放得太大聲。我建議預設一個播放列表，播放的時間長度剛好是你打算工作的時間。

青少年的大腦為何可能是超級社交腦？

說到青少年的超級社交腦，以下提出幾種解釋。一旦得知自己的前額葉皮質不能很容易就做出良好的決定，也不能控制誘惑和衝動，你就能了解，為什麼你有更多藉口比成年人更容易過度使用或誤用那些很炫的行動裝置。

理論1：準備脫離成年人的保護

青春期是一趟旅程，目的地是獨立，而路程中包括了分離，也就是脫離對成年人的依賴；成年人的任務是在你年紀還小的時候好好保護你。

如果所有人類都需要一些人際連繫，又如果你與家人之間的連繫自然而然逐漸鬆綁，那麼就需要新的連繫取而代之。所以，你漸漸脫離家人羈絆的事實，能夠解釋為什麼建立新的友誼格外重要，以及青少年的大腦為何是「超級社交腦」。你也許不喜歡一些社交場合，像是派對或吵鬧的團體，但仍然需要知道自己和什麼樣的人建立關係和友誼。

理論2：青春期變化的完美風暴

到了青春期，你的每一方面都發生變化：你的身體、激素、大腦、學校課業、擔心的事、要負起責任的事情，與朋

友等等。有的變化令人興奮且積極正面，但也壓力山大、占盡心思，且製造焦慮，於是特別需要友誼才有安全感。社群媒體為你帶來這方面的機會，因此你不想錯過。你想要融入人群，因為那會幫助你得到安全感，覺得有人支持你。

理論 3：數位原住民

　　這個詞彙描述的是西元二〇〇〇年代初期之後出生的人，認為他們帶有不一樣的大腦，比較擅長與螢幕類產品打交道。但這顯然毫無道理！如今剛出生的大腦，其實與五百年前的大腦沒什麼差別。不過有一件事不一樣，就是你有螢幕類產品陪著你長大。如果你現在十三歲，你花在螢幕類產品的時間比我十三歲的時候多了很多。不過呢，你花在閱讀書本和認真搭建超棒祕密基地的時間就比我少了。同樣值得一提的是，我從一九九〇年代初期就開始用電腦，使用手機也有二十年了，比你更久吧！我用這些裝置做的事情跟你不太一樣，不過我們使用起來都很熟練。你在某些方面會打敗我，我在其他方面也會打敗你（這又不是什麼比賽）。

　　不過呢，你從來沒見識過以前沒有螢幕類產品和行動裝置的時代，可能比較容易忘記它們其實只是一些「工具」，而不是我們手臂的延伸。因此，你比較不容易了解有時候需要放下那些裝置的意義。此外，你的生活花在使用數位裝置的比例（將近100%），跟我的狀況比起來（也許40%，即使比你多用了好幾年），你占的比例高多了，所以你的這種習慣可能成為比較強固的大腦線路。不過我們全都可以學習

38

重新連線。身為成年人，我讓自己的大腦重新連線，變成能夠使用電腦。而你身為青少年，當然也可以讓自己的大腦重新連線，透過比較健康的方式來使用你的大腦——如果你願意的話。

有些證據[11]顯示，與我這個年紀的人比起來，青少年的專注力比較差。這樣說是有道理的，因為我們需要「前額葉皮質」來引導自己的專注力脫離分心的狀況。不過我相信，如果是自認有趣的事情，所有人都能比較專注；而承受壓力時，專注力則比較差。

如何擁有健康的社交腦

這裡有些方法，能讓你的超級社交腦為你運作得比較好，以便避開索爾在這一章開頭遇到的那類問題（也提供給索爾媽媽之類的所有成年人哦）。

● 練習照顧自己。如果上網讓你感覺很不好，那就關掉吧，做點別的事。與真實生活中的某個人相處一下，或者讀讀書、看看電影、出去走一走。外面的世界很遼闊，你不必透過一塊玻璃體驗它！

● 放輕鬆。如果你努力想要少吃一點巧克力，你會在自己面前放一塊巧克力嗎？不會，你會放在不可能看見與很難拿到的地方。那就用同樣的方法對待你的手機，或者

想要少用一點的所有東西。眼不見為淨。

● 如果某件事很重要，值得你全心投入，那就一次做一件事：拋開其他裝置，關掉你不用的應用程式。好好享受全神貫注於一件事的體驗吧。你瞧，成果改善了，自尊心也提高了！

● 不要拿錯誤的理想體態與自己比較！試著提醒自己，網路上幾乎每一件事都經過變造，或至少精心挑選過。很多人把自己不喜歡的部分隱藏起來。

● 傳送訊息之前再多想一下，等到情緒冷靜下來再說。仍然處於沮喪、氣憤、困惑或疲憊的時候，太匆忙傳出訊息不是好主意。休息一下，深呼吸，等個幾分鐘、幾小時或幾天，需要多久都沒關係，以便做出最好的決定。

● 不要傷害別人，或你自己。

最後，騰出時間給生活中的健康事物。有五種活動非常重要，都是你擁有智慧型手機之後比較少從事的活動，也全是健康生活方式所必須的。這五種活動是：

● 睡眠
● 運動和新鮮空氣

- 面對面的聊天
- 離線不上網的嗜好
- 思考和夢想

> 很多人問我，花多少時間在螢幕類產品上才是適當的，我的答案是：針對這點，並沒有具備科學基礎的答案。只要花足夠的時間進行上述的五項活動，再把功課寫完，那麼你花在螢幕類產品上的時間就不會是問題了。

額外的資源

以上述的主題來說，我寫的兩本書會幫助你學習到更多層面：《青少年網路生活指南》（*The Teenage Guide to Life Online*）談到螢幕和社群媒體真正的好處和壞處，以及《青少年交友指南》（*The Teenage Guide to Friends*）深入探討你身邊各種人以及你自己的性格和舉止。

丹尼爾・列維廷（Daniel Levitin）寫的《有條理的心智》（*The Organized Mind*）一書，對於了解分心和大腦頻寬也非常有幫助。

幫自己測驗看看！

你對各種螢幕類產品上癮了嗎？

「上癮」指的是，雖然使用者明知那樣是有害的，仍持續強迫使用某種物品。「持續」的意思是，不只發生短暫的時間，而是維持好一段時間。「強迫」指的是，你覺得不得不使用或執行那件事，而你不是真的想停止，否則你會嘗試停止，但似乎辦不到。

這裡有個簡單的測驗，來看看你使用智慧型手機的習慣是否顯示有可能上癮。我說的「上網」，意思是你用手機或能夠連上網路的裝置所做的事，包括連上網際網路、社群媒體網站，或發送訊息給你的朋友。不怕的話就測驗看看！閱讀以下的說明，根據你有多常做這些事，寫下A、B或C。

A ＝ 從來沒有或很少

B ＝ 有時候

C ＝ 經常

1. 你待在網路上的時間比你想要上網的時間還要久？

2. 你只能匆忙做完作業，因為花太多時間上網或想要上網？

3. 你做某件事之前需要先查看手機訊息？

4. 有人打擾你上網時，你會生氣怒罵或表現得很煩躁？

5. 你想要減少上網的時間，但是失敗了？

6. 不能上網的時候，你覺得心情低落、悲慘、緊張或悶悶不樂，而只要一上網，這種感覺就消失？

7. 你希望自己不要花那麼多時間上網，因為上網的時候有罪惡感？

8. 你上網就表示太晚睡覺？

9. 你會隱瞞自己上網的時間有多久，或者不想提起，或者假裝自己上網是在做有用的事？

10. 你曾經因為上網時間太久而遲到、差點遲到，或錯過某件事？

你寫答案是B或C的題目有幾題？寫B得1分，寫C得2分。由於這個測驗沒有科學根據，我沒辦法確切說出得幾分就表示絕對有上癮的傾向，但我的估計是這樣的：如果總分是5到10分，表示你應該好好檢視自己的習慣，然後採用這本書裡的一些策略或知識，稍微多控制一下。得分超過10分的話，表示你有一些相當根深蒂固的壞習慣，採取行動會對你有益。此外，你回答「C」的每一個問題，肯定應該讓你有所警惕，那些可能是很不健康的習慣。

　　好，現在讓你家的成年人來做這個測驗吧。

第 2 章

強烈的情緒

「我討厭你……噢,順便問一下,可以給我一點錢嗎?」

來認識麥特,還有他媽媽。
他們正在上演一場情感拉鋸戰。
至於原因,兩人都一頭霧水。

麥特的父母很擔心他。他以前是模範生,但最近成績下滑。他喜怒無常,花很多時間待在房間裡,誰曉得他用手機在做什麼事?還聽一些可怕的音樂,歌詞都很負面又消沉,坦白說曲風非常詭異。每次麥特的父母找他聊聊,他都表現得怒氣沖沖。麥特的父母經常懷疑,他是不是發生什麼事了?

總之,是的,麥特的父母很擔心他。他們只希望他過得快樂,安好,對他們親近一點。而且希望他成功,而且是成績 A 等的學生,而且有很棒的工作,而且在校際美式足球錦標賽比別人得到更多分——因為每個人都在看。是的,他們很擔心麥特。但那只是因為他們很關心他。外面的世界很難混啊,如果他對父母都這樣大小聲,那以後要如何適應社會?他也會對老闆大小聲嗎?他會一事無成嗎?這些擔憂足

以讓一位母親瀕臨崩潰。

於是，今天晚上，麥特的媽媽決定小聊一下。只是輕鬆聊天，沒有什麼特別的事。找機會來個母子連心。她會去他的房間，問問他今天過得好不好。母子沒有壓力地聊聊。

她敲敲門。麥特沒有回應。再敲一次，大聲一點。依舊沒有回應。於是她轉動門把，同時叫他的名字。房內相當昏暗。有一股焚香的氣味，不過她會當作沒這回事。其實還滿好聞的，有安定心神的效果。雖然窗簾再怎麼拿去乾洗，都會洗不掉那股氣味。那些窗簾是她自己做的，縫到手指都流血了，讓房間看起來很漂亮。但是麥特在乎嗎？她氣到咬牙發抖，但也只能壓下這股怒火。

「麥特。」她叫道。他躺在床上，閉著眼睛，頭上戴著耳機，在床墊上打著拍子。他的功課攤開放在桌上。她透過昏暗的光線瞄了一眼，看到標題寫著：「在馬克白的掌權之下，他的墮落達到什麼程度？」到目前為止，他寫了兩行字：「在威廉・莎士比亞的戲劇《馬克白》裡，馬克白有著非常戲劇化的墮落。那完全是三女巫的錯，因為她們不該說出那些話。」紙張邊緣畫滿精細的塗鴉，她仔細一看，發現那是好多隻蛇，全部纏繞在一起。

她把燃燒的焚香移到比較安全的地方，這時不小心踢倒地上的一罐汽水。麥特張開眼睛。

「媽！你在這裡幹嘛？這是我的房間！出去好嗎?!」

「好，麥特，抱歉。我敲門了哦。」

「好啦，嗯，下次敲大聲一點。」

「我只是想來問問你，你過得怎麼樣。我可以幫你拿什麼東西嗎？我可以幫你準備一點茶還是什麼的。你做功課的時候，喝點茶是不錯的主意。放鬆一下，同時刺激腦袋。」

「好啦，嗯，我又沒有在做功課，對吧？」

「你不覺得應該把這篇報告寫完嗎？」她說著，指著那個幾乎空白的頁面。

麥特扯掉耳機，以誇張的動作跳起來站著。他的身高比媽媽高了十五公分，低頭看著她很有優勢。「喂，媽，走開啦。交作業的時間還早。」

「多久？」

「大概好幾天吧。我不知道啦，星期五之類的。」

「你不清楚交作業的時間嗎？」

「沒有啦，有寫下來，都有掌握。我又不是笨蛋，你知道吧。」

「嗯，好吧，不過呢，還是做點其他功課怎麼樣？一定有作業是明天要交的吧？麥特，提早做完是個好主意哦。你不是有法文週考？我可以幫你複習之類的。有人幫你複習，學起來簡單多了。」她從地上的一堆書拿起其中一本。

你幾乎可以看到電流嘶嘶穿越麥特的身體。你可以看到他緊繃的肌肉與像要打雷的臉孔透露著憤怒。

「媽，放下。不要管我！我自己會讀。你根本不懂。」

「嗯，好啊，麥特，如果你真的會讀的話。不過你會嗎？我想知道的就是這件事！」

「噢，好哦，所以你現在不相信我嘍？」

「嗯，我想相信你。不過，經過上個星期，我在你的筆記本裡發現阮腳老師的留言，說你都沒有寫功課之後，我要怎麼相信你呢？」

「只不過一次而已！」

「再上一個星期呢？青松老師？」

「那是因為你要我做 $#%^&* 的家事！」

「不是哦，麥特，週末的家事是你份內要做的。你也知道我們說好如果週末不做，就得在週間做。」

「不公平啦，別人都不用做家事。家裡為什麼一定要那麼乾淨啊？你是怎樣？有潔癖嗎？連我朋友都覺得這房子超怪的，幹嘛那麼乾淨。有一種醫療方法就是針對像你這樣的人，我前幾天讀過。甚至有個名稱，那是一種精神疾病。你應該去看醫生。」

「麥特，夠了！」他母親大叫。「別那樣對我說話！」

有個暴怒的聲音從樓下大喊。是麥特的爸爸。「你們母子倆是怎樣？老天爺幫幫忙，安靜一點啦。吵到我快要無法想事情了。」

麥特以勝利的眼神看著他媽媽。她則氣得七竅生煙，覺得遭到背叛，氣炸了。而這一切爭端的開頭只是因為她好心想要幫忙。她撿起髒襪子，離開房間。麥特用力摔門。

「不要摔門！」她大喊。

「不要干涉我的生活！」他大吼回應。

五分鐘後，麥特下樓。

「星期六在某人家裡有派對。不確定在哪裡。我可以借點錢去剪頭髮嗎？媽，拜託啦。」

麥特的大腦到底怎麼了？

以前那位明理又快樂的男孩，是個很好相處的人，做起事來相當努力，對父母的態度也很好，為什麼突然間變了一個人？只要有一點點最細微的打擾跡象，他的怒氣就會像火山一樣大爆發？為什麼沒怎樣就吵起來？而且，為什麼麥特心裡覺得超煩的，動不動就大叫「不公平啦」？

很多專家經常說「只是激素作祟」，或者「只是自然而然急欲脫離父母身邊，轉而變得獨立自主的過程」。這兩種說法都算正確。不過研究顯示，青少年的大腦發生了非常特別的事，[12]這件事讓大腦以不同的方式發揮作用，甚至讓青少年的大腦內部看起來與兒童和成年人的大腦都不一樣。

繼續讀下去之前，請你記住兩件事。第一，並不是所有青少年都會經歷這麼辛苦的情緒變化階段。第二，並不是只有青少年會這麼憤怒、情緒化、反覆無常、愛頂嘴、講話難聽。你有沒有觀察過周遭的成年人？他們說自己脾氣暴躁的原因是什麼？他們可能會說，「你」就是他們發脾氣的原因。嗯。人類是很情緒化的動物，所有人都覺得很難控制或了解自己的感受。但青少年往往覺得這對他們更加困難。

過去我們認為，只有人類的青少年會經歷青春期，但科學家研究其他哺乳類，像是大鼠或猴子，發現牠們的大腦也有類似的變化，在行為方面也有類似的改變。或許大鼠也覺得自己很暴躁。

麥特和他那些狡辯般的說詞是怎麼回事？那與我們對青少年大腦變化狀況的新知識有沒有什麼關連？

　　科學家做結論時非常謹慎。他們說：「我們在大腦觀察到這些變化，也在行為方面看到這些改變，兩者『可能』有關連，但無法確定到底是怎麼回事。」他們這麼謹慎是正確的，科學家本來就應該要很小心。不過我們來看看自己的觀察，因為這讓人非常好奇。而這一點可是所有科學家都同意的。

　　首先，我們看到前額葉皮質的灰質大量增加。前額葉皮質主管思考、推理、邏輯和做決定。那很像是一棵樹在春天突然長出許多分枝。這種增加的狀況主要發生在青春期，通常介於十到十二歲之間。灰質的生長高峰大約落在女孩的十一歲和男孩的十二歲左右。事實上在這個階段，神經元生長出來的連接或突觸太多了（這種情況也發生在嬰兒的大腦裡），還需要一番「修剪」，那是下一個階段的工作。

　　大腦在青春期之前和之初發生大量的生長之後，你的青春期有一段期間會修剪這些分枝。就像讓大腦裡面不需要的連結都消失了。科學家認為，這種修剪比生長更加重要，就像是修剪一棵樹，讓分枝變得少一點，不過留下來的樹枝會變得更粗更壯。到了十六或十七歲左右，你的大腦神經元突觸數目達到成年人的程度。不過在幼兒時期一、兩歲的時候，你的突觸數目是這時候的兩倍多。

　　在修剪階段，你的大腦皮質失去相當多的灰質。[13]接著，在青春期的後期和成年的初期，大腦花時間把剩下的分

枝建構起來，並把軸突包覆住，讓它們變得堅固。這樣的強化階段稱為「髓鞘化」（myelination），到了第7章會談得更詳細。

在青春期，大腦發生了巨大且驚人的實質變化，就像把很多不同的腦區都重新塑造一番，而且採用比較複雜的運作方式，以便符合成年人生活的需求。青少年會發現，在這段劇烈變化時期，有很多事情無法像成年人一樣輕而易舉就做到。同時在這個階段，青少年承受很多壓力，造成情緒反應非常強烈，有時候連自己都難以控制。

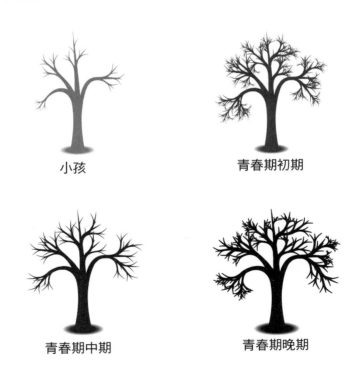

小孩　　　　　　　　　青春期初期

青春期中期　　　　　　青春期晚期

關於麥特的大腦，科學家也發現其他一些非常有趣的事，支持上述的理論。

科學家已經發現，特別是與年紀大一點的青少年和成年人比起來，年紀較輕的青少年通常比較不能從臉部表情判斷出別人的感受。前面提到的沙拉—簡思‧布雷克摩爾是英國倫敦大學學院（University College London）教授，她最近針對青少年的同理心進行研究。不過，最早測量出差異的研究是在美國做的[14]，研究人員秀出一張表情非常恐懼的女性照片，拿給一些青少年和成年人看。研究人員請每個人說出那位女性的感受。在這個實驗裡，所有的成年人都答對了，而有很多青少年答錯了。（附帶一提，有時候成年人也會答錯。成年人並不完美，有些人在這方面的能力比其他人差一點，但青少年似乎真的很不擅長。）

令人驚訝的是，研究人員對受試者進行腦部掃描時，發現大多數青少年觀看照片時，使用的是不一樣的腦區。

成年人觀看照片時，顯示活躍的腦區主要是前額葉皮質。這個腦區很理智，如果你希望母親給你一點錢的話，它會叫你不要命令母親別干涉你的生活。

而像麥特這樣的青少年觀看照片時，過度活躍的腦區似乎是杏仁核（amygdala）。這個腦區很小，與直覺反應、不加修飾的情緒有關。杏仁核這個腦區在嬰兒時期就已發育完全，透過直覺來運作，而非邏輯思考，完全不是負責思考的腦區。

黛博拉‧尤格倫—陶德（Deborah Yurgelun-Todd）博士

發現這種有趣的行為，認為這可能表示青少年難以判讀身邊成年人的臉部表情。成年人表示擔心和關心時，青少年可能認為那樣表現出的是憤怒。或者成年人只不過面露驚訝，青少年卻誤以為是厭惡。她發現在這方面，男孩的表現也比女孩稍微差一點，似乎更強烈使用他們充滿情緒的杏仁核。自此之後，很多其他研究都在探討人類辨別他人情緒的能力。不是所有的研究結果都呈現相同的差異，但有個證據很不錯，顯示十一和十二歲孩子的辨別速度不如年紀較大的青春期孩子，而且判讀情緒的能力隨著青少年長大會越來越好。也有證據顯示，青少年似乎常常難以應付生氣或恐懼之類的負面情緒。[15]

如今，我們不能說：「我們在大腦裡看到這種情況，『因此』青少年的反應是情緒化的，而不是理性思考。」大腦並沒有這麼容易就能了解。我們能說的是：「青少年有所誤解，而他們有所誤解時，似乎是使用了與大人不同的腦區。」

不過，這令人陷入思考。是不是麥特目前大腦的連線方式，影響到他解讀媽媽的表情和語氣？他是不是誤解媽媽的意思？他是不是沒辦法理解媽媽真的為他好，真的關心他，真心想要幫助他？沒錯，媽媽的嘮叨很恐怖，但，是不是他的青少年大腦讓他無法理解這些，也無法做出他應該要做的事，例如在老師規定的時間之前寫完功課？他是否因此而無法看透自己的直覺反應，包括怒氣沖沖、覺得遭到侵犯、需要大吼大叫「不要干涉我的生活」？

還有另一個可能的解釋：青春期與脫離成年人的保護有關，包括變得比較有自我意識，因此你可能對其他人的想法感到比較焦慮，也比較擔心別人會對你生氣。那可能讓你提高警覺，認為接收到怒氣或敵意。

心理學家以一些不同的方式區分情緒的類別，有些人說有6種基本的情緒（恐懼、憤怒、高興、厭惡、悲傷、驚訝），其他人找出27種類別，還有一些人區分出高達412種不同的情緒，都是我們可以感受到、表達在臉上的情緒。如果你想知道自己有多擅長分辨其他人的感受，請試試這一章最後的測驗。

提醒一下，請記得父母也會情緒化、憤怒、不合理、煩躁、不受控制。而如果父母算是正派的人，他們在事發之後是會後悔的。想想看，如果在父母與青少年孩子吵架時，用功能性磁振造影掃描他們的大腦，看看發生了什麼事，會不會很有趣呢？

關於麥特的大腦究竟怎麼了，有個可能的理論是這樣的：青少年早期的大腦正在改變構造。首先，大腦神經元的連結密度和數量都增加了，遠超過真正所需，特別是在前額葉皮質。接著會進行大幅修剪，有些腦區失去一些連結，並以我們還不了解的方法進行重建。而麥特還沒有達到最後進行強化髓鞘的階段。

麥特的行為可能受到這一切所有變化的影響，也許因為如此，他才有那麼強烈的情緒。以我個人來說，我覺得他不太可能避免受到影響，畢竟是大腦讓我們有各種感受。

別的不說，麥特有可能承受著生活中很多人事物的壓力，包括友誼、來自學校的壓力、考試、對於未來的恐懼等等，而壓力確實讓我們比較暴躁、比較凶悍。再加上他的大腦正在經歷的變化，這就形成了一個導致情緒不穩定的組合。

「情緒腦」的其他差異

說到情緒，近來有些研究已指出，青少年和成年人的大腦還有其他差異。舉例來說，研究[16]顯示，青少年和成年人想到社交上的尷尬處境時，使用的是不同的腦區。好玩的是，有些研究[17]顯示，在進行某些活動時，青少年的前額葉皮質有一些區域比成年人更活躍。因此，你的前額葉皮質並不是永遠都在睡覺，只是運作的方式跟成年人不一樣，也產生不同的結果，而且必須努力運作才能嘗試做出好的決定。

激素

那麼激素呢？面對所有青少年的情緒震盪，一代又一代的成年人都怪罪給「激素」這類化學物質。嗯，激素確實還是要負點責任。我們都很清楚，激素影響情緒，因此直接影

響行為。我們也都很清楚，男性和女性的性激素在青少年體內急速奔馳，在幾年之內讓你從兒童轉變為成年人。如今科學家相信，激素也可以改變大腦的結構。[18]

不過，控制激素的東西是什麼呢？是大腦。我們不確定是什麼因素啟動了青春期，但必定是大腦裡面有某種東西對那些激素下了指令，要它們開始急速奔馳。大腦內部的各種激素和變化，以複雜的方式彼此相關，但能夠確定的是，兩者在青春期都格外重要。

第5章還會談到更多關於激素的效應。

我們為何有青春期？而且人類的青春期為何比其他動物持續得更久？

現在我們知道，其他哺乳類也有青春期，包括猴子、大鼠和小鼠（mice）。美國對獼猴的研究[19]是最早的一批研究之一，證明了在青春期，獼猴的大腦與人類一樣會修剪神經元和突觸。這和人類的情況相似。而那些被研究的哺乳動物經歷青春期的時間比人類短得多。雌性的恆河猴從青春期到成年大約需要十八到四十八個月，並展現出許多與人類青少年相似的特徵。包括青少年的睡眠模式、愛冒險，還有花很多時間與其他青春期猴子一起閒晃。[20]說不定青春期猴子也會有一些等同於咒罵牠們父母的舉動。

不過呢，你身處的社會環境也會造成差異。有些地方的青少年必須出外工作，與備受保護的青少年比起來，他們可

能提早變得獨立。這本書於二〇〇五年發行初版時，科學家認為青春期大腦發育完成的時間平均是二十三歲；如今，他們則說是二十多歲的後期。請記住，大多數的青少年腦部影像是在比較富裕的國家拍攝的，這些國家的青春期大腦發育時間比較長嗎？這是有可能的。若是如此，這樣到底是好是壞？你覺得呢？

關於人類為何需要相當長的青春期，而且為何情緒起伏那麼劇烈，以下提出一些想法。這些想法並不是各自獨立，而是緊密相關的。例如，演化決定了我們的生物特性，而我們的生物特性又反過來影響了我們在社會中的行為方式。因此，不要把以下的幾種想法視為個別的理論，而是希望能從不同角度來凝聚你的想法。

理論 1：與演化有關

演化生物學家看待問題時，總是說：「這一定有讓人類祖先得到一些優勢。這種優勢可能是什麼？」以青春期的例子來說，有可能是因為遠古的人類社會變得比其他動物社會複雜許多，因此我們需要比較長的時間學習所需的技能。

理論 2：與文化有關

有些成年人會說：「嗯，我那時候不是這樣。在我那個時候，我們才不准那樣想，只能乖乖聽話照做。現代的青少

年有這種行為，都是因為再也沒有人訂定規矩了。如果成年人嚴格一點，而青少年也從來沒看過電視，就沒有什麼青少年的行為需要討論。」我會說，這些人拒絕承認事實。希臘天才亞里斯多德就談過你們這個年齡層的行為，那是將近兩千五百年前的事哦。莎士比亞也曾以負面的語氣談起十歲到二十三歲的人。還有美國的社會學家霍爾（G. S. Hall）在一九〇五年談到，青春期是一個「狂風暴雨」的階段。青春期被視為艱難的時期，並不是新鮮事。

理論 3：與渴望獨立的需求有關

到了某個時間點，所有的哺乳類都需要離開父母，建立自己的生活。不過呢，人類的成年人通常盡可能提供孩子舒適的生活，如果青少年沒有對父母或照顧他們的人累積了相當程度的不敬和怒氣，絕對不會想要離開。事實上，不再愛著那些照顧你的成年人，可能是成長的必經歷程。等你離開之後，大可重新開始愛著他們，因為再也不需要奮力逃離了。如果你把關係經營得好的話，你可以不時回家吃頓飯，甚至帶髒衣服回家洗。

這種渴望分離的需求，也可以解釋青少年為何比較關心他們朋友的想法，而對父母的想法漠不關心。最近正在進行的研究顯示，青少年在有無朋友在場的情況下，甚至會使用不同的大腦區域，並因此做出不一樣的決定。[21] 朋友是我們的一切，因為離開家之後，我們需要的是朋友。針對這方面，我在第 1 章談得比較詳細。人類很依賴社交，結交朋友

是有道理的。事實上，這種追求獨立的驅動力，很可能是青春期最重要的事。你仔細想想看，還真的是這樣。而且，這也是你的父母以及所有關心你的成年人，最終想要你達成的目標。恐怕他們不了解的是：如果你想在二十二歲實現獨立，那麼可能需要在十四歲的時候就開始試圖突破限制，探索自由。

理論 4：大腦就是這樣運作啊

我們大可簡單這樣說：大腦沒辦法採取很有效率的運作方式，這沒什麼好驚訝的，因為有許多變化正在發生。而青春期正是那麼多變化所產生的討厭副作用，就是這麼一回事。

上述四個理論，你覺得哪一個理論最有趣？演化？文化？苦苦掙扎想要獨立？還是全部都很有趣？

房間像是一面鏡子，映照出青少年的大腦

寫這本書的初版時，我沒有特別討論到青少年凌亂不堪的房間。我真的認為那不重要，也不有趣。我心想，那不關我的事。但後來覺得，這方面或許還滿有趣的。（附帶一提，我認識不少青少年的房間並沒有凌亂不堪。不過還是面對現實吧，很多人的房間都亂得不得了。）我的想法是這樣的：

- 青少年的房間通常都非常小，而且放了一大堆東西。再加上你也會在房間裡做很多超誇張的事情，所以如果房間變得一團亂，也沒什麼好驚訝的。

- 無論你的房間是整齊還是凌亂，你的生活中有太多事情更重要，壓力也更大。

- 你們很多人可能希望自己的房間很整潔，但保持整潔需要花費很大的力氣，往往超過對整潔的渴望。這時候有一支魔杖會很棒。

- 一間凌亂不堪的房間，其實是許多小小的決定所產生的結果：「現在就把它收拾好？還是先擱著等一下再收拾？」第一種選項既無聊又沒意思，會迫使你得立刻做一件討厭的事。（而且你受到強烈的情緒驅動，通常更專注於當下的感受。）第二種選項就簡單了，特別是因為「等一下再收拾」，會讓人感覺很不真實，也不值得深思，因為與當下的情緒拉扯沒有關係。如果要做出有遠見的決定，即現在就收拾好、避免以後亂成一團，你需要的腦區是「前額葉皮質」。而你的這個腦區還沒有完全發育好。

- 惹父母生氣還滿棒的。

- 吵架其實是一件相當安全的事，比起其他讓父母擔心的事情好多了，像是抽菸、喝酒、性愛、課業等等。

所以，你那凌亂不堪的房間（如果有的話），也許像是一面鏡子，映照出你的內心：情緒化、混亂、叛逆、壓力大、只在意眼前的事。也說不定你其實根本就不在乎？

你可以用什麼樣的態度面對青春期？

你可能覺得自己無能為力，只能去睡個幾年，醒來的時候一切都結束了。其實你有很多事可做，不是阻止青春期發生，而是好好面對，對它另眼相看。

- 好好享受。好好慶祝。有什麼好否定的呢？情緒化的反應很好啊。事實上，你大可這樣說：如果沒有情緒，人類不會是很成功的種族，因為我們沒有能力做任何決定。光靠邏輯推理是不夠的。美國神經科學家理查．西托維奇（Richard Cytowic）在《品嘗形狀的人》（The Man Who Tasted Shapes）這一本書當中，談到動物界有一件很妙的事：澳洲食蟻獸具有異常大型的「額葉皮質」（frontal cortex），如果以這個腦區和體型的比例來比較的話，比人類大多了。[22]牠在天才的比賽裡應該名列前茅吧。不過呢，如你所見，澳洲食蟻獸根本沒有稱

61

霸世界；澳洲食蟻獸既沒有登陸月球，也沒有製造出微型攝影機沿著血管到處跑。所以是哪裡出了差錯？牠們的頭腦似乎很好，但除了會吃螞蟻，為何顯然沒有太大的用處？嗯，滿有趣的是，牠們的「邊緣系統」（limbic system）很弱，這個腦區在情緒方面扮演最重要的角色。牠們顯然也沒有夢想，連夢想螞蟻都不會。說不定澳洲食蟻獸根本沒有情緒。這是個很有趣的想法。如果要成功，情緒可能是非常重要的一環。坦白說，這種生物還有其他幾項不利的條件，像是只能生活在氣溫攝氏25度左右。人類的優勢是有極佳的適應力，而且能夠改變環境來適合自己。

● 請你周遭的成年人來讀這本書，他們很快就會了解到底發生什麼事。他們會表示同情，立刻就變得通情達理。或者，進一步考慮之後，你不要讓成年人讀這本書，免得他們開始沾沾自喜，發表一些意見，像是：「別擔心，我們不會期待你做出合情合理的決定，因為你的青少年大腦正在修剪所有的分枝。讓我來訂定規矩，直到你長大為止。」

● 好好了解到底發生什麼事，認清這是必經的（也是暫時的）階段。無論有誰說了什麼，或者你認為他們說了什麼，都不表示你很討人厭。

- 試著對你自己和你的大腦好一點，而且多一點尊重。壓力在青春期很常見。在平常的日子裡，壓力激素「皮質醇」（cortisol）會被反覆觸發。有些壓力對我們有益，因為會促使我們去做一些事，促使我們能夠表現得很好。但壓力太大就不好了。

- 請記住：得知大腦的發育和提升完全是「先天的」，對我們是好事，也能感到安心，但其實也能透過「努力」而提升。所以，（我道歉在先，因為要說出你不想聽的話！）你越努力，你的大腦就越快按照你希望的方式去表現。附帶一提，同樣的道理也適用於成年人。所以，我允許你提醒你的父母，下一次他們有事情沒做好，只要再多努力一下就行了。不過呢，如果這樣提醒行不通，不要怪我哦！還有，拜託不要試著去提醒你們的老師。

- 由於我們的學習有一部分是靠著模仿，因此你身邊的成年人需要成為好榜樣。提醒他們一下。

你的神奇青少年大腦的奇妙小知識

● 大約六歲時，大腦的大小是成年人的95%，但在青少年期間，額葉皮質的厚度會增加，然後又顯著減少。額外增厚的部分主要來自於樹突和突觸變多了，以及軸突變粗了。要發揮良好的功能，變薄或修剪的階段是很重要的。

● 神經元比較多，不見得表示這樣的大腦比較好。舉例來說，如果有「X染色體脆折症」（Fragile X）這種狀況，面臨的問題就是神經元太多。良好的大腦會經過適當的修剪和建構，許多作用途徑以很有效率的方式彼此合作。

● 突觸之間的間隙非常微小：大約是20萬分之1公釐。

● 額葉皮質構成人類大腦的29%，但只占貓大腦的3.5%；這多少可解釋我們為何在很多方面比較聰明，像是同理心、邏輯推理、預測和解決問題（但別忘了澳洲食蟻獸的大腦）。

如果成年人的前額葉皮質受到傷害，來看看會發生什麼狀況：

- 喪失一些社交技能：變得好辯、反應過度。
- 容易說出不恰當的言論。
- 很難掌握故事的寓意。
- 失去預先規劃的能力，或者無法預測某個行動會產生什麼結果，導致冒著風險。

上述這些情況，對很多青少年造成影響的有幾種？有沒有對你造成影響？也許可以怪你的大腦，以及尚未發育完全的前額葉皮質。不過在青春期，這些情況都會逐漸改善。如果願意嘗試，我們的能力會提升得快一點。這是好消息哦！

幫自己測驗看看！

你可以從別人的表情看出情緒嗎？

　　看看照片中那些人的眼睛。你會在照片周圍看到四個選項。

　　請選出你認為最能描述照片中人的想法或感受的選項。要仔細思考哦。接著用同樣的方法回答所有的照片。有些照片比較困難。如果你覺得有點困難，不必擔心。重點是每一張照片都要作答，所以如果真的無法決定，只要選出你覺得最有可能的答案就好了。

練習題

嫉妒 　　　　　　　　　　　　　　　　　　　　　　　　　害怕

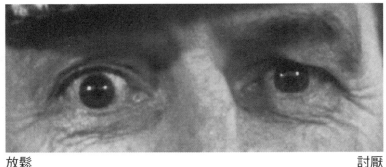

放鬆 　　　　　　　　　　　　　　　　　　　　　　　　　討厭

答案：放鬆

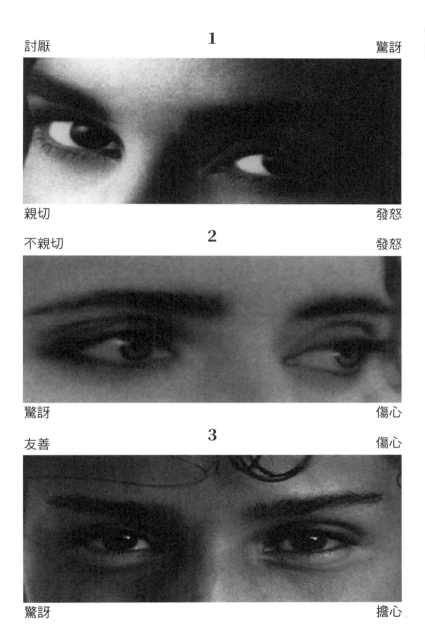

1

討厭 　　　　　　　　　　　　　　　　 驚訝

親切 　　　　　　　　　　　　　　　　 發怒

2

不親切 　　　　　　　　　　　　　　　 發怒

驚訝 　　　　　　　　　　　　　　　　 傷心

3

友善 　　　　　　　　　　　　　　　　 傷心

驚訝 　　　　　　　　　　　　　　　　 擔心

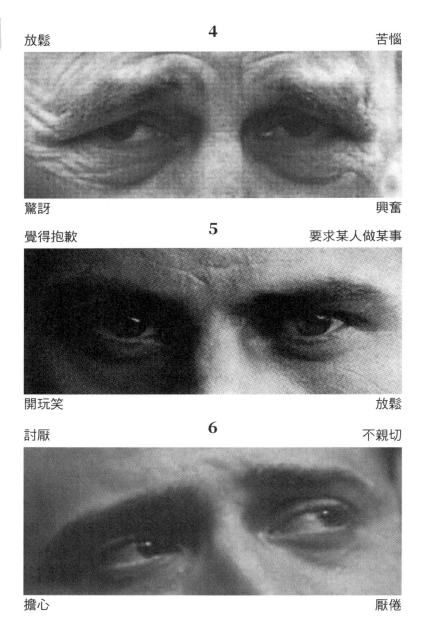

4

放鬆　　　　　　　　　　　　　　　苦惱

驚訝　　　　　　　　　　　　　　　興奮

5

覺得抱歉　　　　　　　　要求某人做某事

開玩笑　　　　　　　　　　　　　　放鬆

6

討厭　　　　　　　　　　　　　　　不親切

擔心　　　　　　　　　　　　　　　厭倦

7

覺得抱歉	無聊

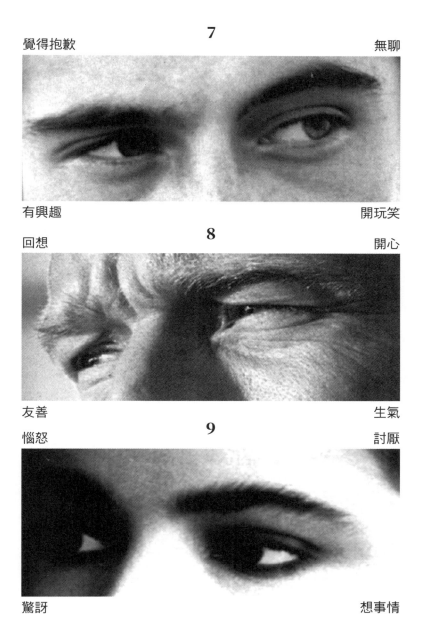

有興趣	開玩笑

8

回想	開心

友善	生氣

9

惱怒	討厭

驚訝	想事情

10

親切　　　　　　　　　　　　　　　　　　　　　害羞

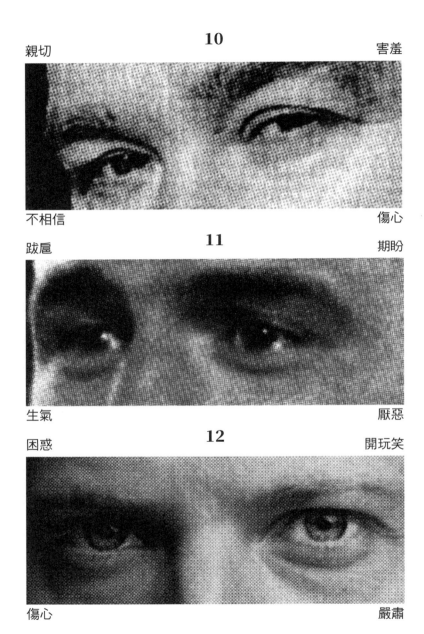

不相信　　　　　　　　　　　　　　　　　　　傷心

11

跋扈　　　　　　　　　　　　　　　　　　　　期盼

生氣　　　　　　　　　　　　　　　　　　　　厭惡

12

困惑　　　　　　　　　　　　　　　　　　　開玩笑

傷心　　　　　　　　　　　　　　　　　　　　嚴肅

13

想事情　　　　　　　　　　　　　　　　苦惱

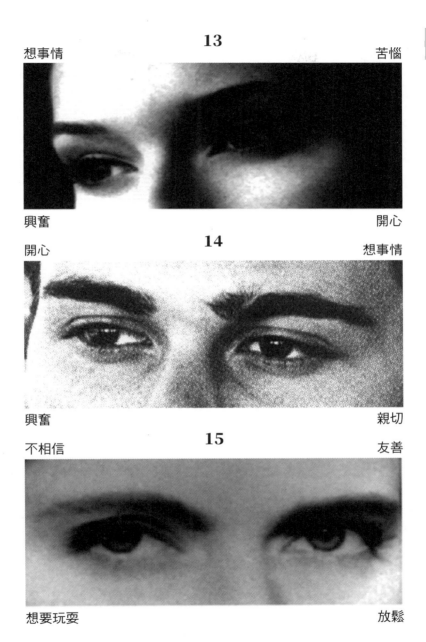

興奮　　　　　　　　　　　　　　　　　開心

14

開心　　　　　　　　　　　　　　　　想事情

興奮　　　　　　　　　　　　　　　　　親切

15

不相信　　　　　　　　　　　　　　　　友善

想要玩耍　　　　　　　　　　　　　　　放鬆

16

下定決心   開玩笑

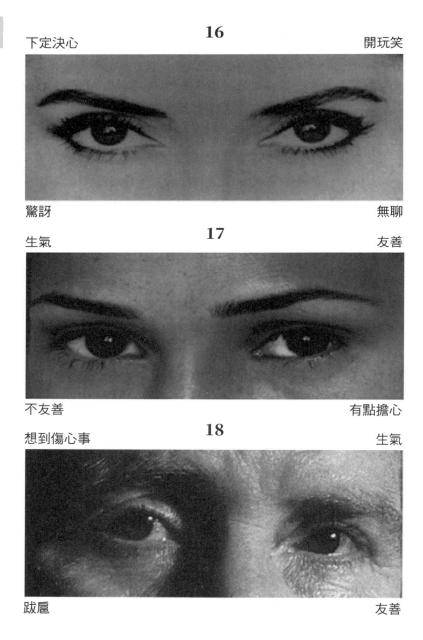

驚訝   無聊

17

生氣   友善

不友善   有點擔心

18

想到傷心事   生氣

跋扈   友善

19

生氣　　　　　　　　　　　　　　　做白日夢

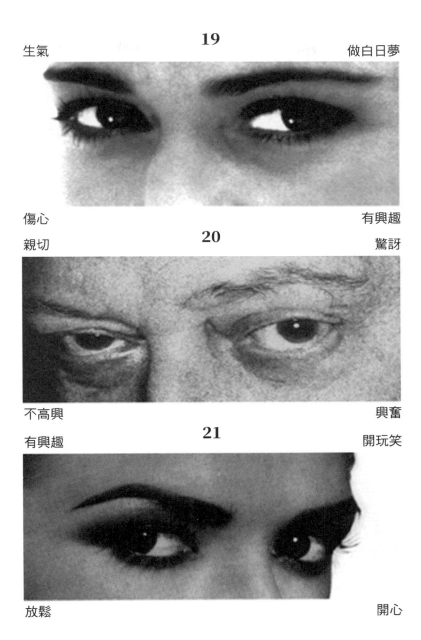

傷心　　　　　　　　　　　　　　　有興趣

親切　　　　　　　　**20**　　　　　　驚訝

不高興　　　　　　　　　　　　　　興奮

有興趣　　　　　　　**21**　　　　　　開玩笑

放鬆　　　　　　　　　　　　　　　開心

22

搞笑   親切

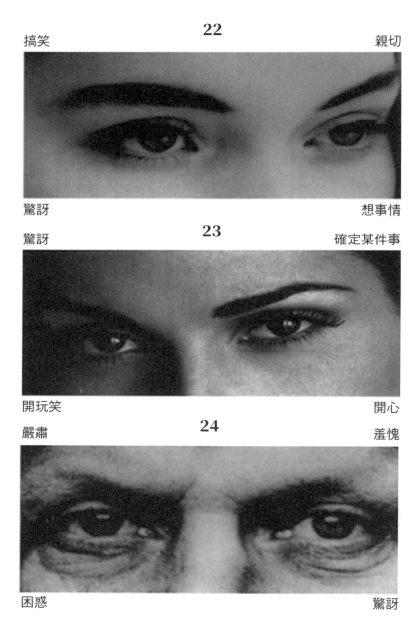

驚訝   想事情

23

驚訝   確定某件事

開玩笑   開心

24

嚴肅   羞愧

困惑   驚訝

25

害羞   內疚

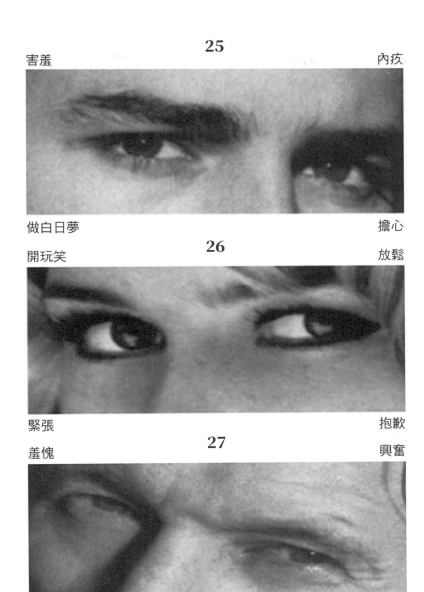

做白日夢   擔心

26

開玩笑   放鬆

緊張   抱歉

27

羞愧   興奮

不相信   高興

28

厭惡 討厭

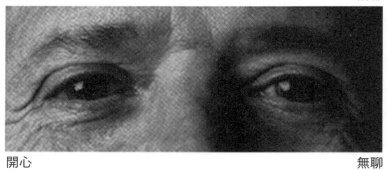

開心 無聊

　　好了，來看看你答對多少題。

解答

1	親切	**24**	嚴肅
2	傷心	**25**	擔心
3	友善	**26**	緊張
4	苦惱	**27**	不相信
5	要求某人做某事	**28**	開心
6	擔心		
7	有興趣		
8	回想		
9	想事情		
10	不相信		
11	期盼		
12	嚴肅		
13	想事情		
14	想事情		
15	不相信		
16	下定決心		
17	有點擔心		
18	想到傷心事		
19	有興趣		
20	不高興		
21	有興趣		
22	想事情		
23	確定某件事		

你得幾分？

　　這個測驗是特別為十二歲以下的孩子而設計。十到十二歲孩子的平均得分介於18到23分之間，年紀越大的青少年通常會得到越高分。

　　也有成年人的測驗題。請見英國劍橋大學「自閉症研究中心」（Autism Research Centre）的網站，尋找「眼睛測驗」（Eyes Test）。你可能會想知道，這為什麼與自閉症研究有關。有自閉症（或稱「自閉症類群」）的人，通常很難看出別人的情緒。

　　每個人做這個測驗的結果有很多差異，包括有證據顯示，男性的平均得分比女性低。

　　透過仔細觀察、聆聽別人說的話、注意肢體語言、閱讀一些描寫其他人的書等等方法，我們所有人都能增進同理心。

　　致謝：這項測驗稱為「判讀眼神的含意」（Reading the Mind in the Eyes），是給兒童測驗的版本。最初發表於二〇〇一年的《發展和學習障礙期刊》（*Journal of Developmental and Learning Disorders*），論文作者為西蒙・拜倫—科恩（Simon Baron-Cohen）等人，感謝劍橋大學自閉症研究中心（Autism Research Centre at Cambridge University）的拜倫—科恩慷慨應允刊載。

第 3 章

睡眠，以及許多相關問題

「你不能期待我會起床去上學……
沒到凌晨兩點，我是不會上床睡覺的。」

來認識珊米。她晚上超清醒，白天想睡覺。

珊米常常早上起不來。她爸爸跌跌撞撞走進她房間，叫她起床，已經是那天早上的第二次了。珊米覺得爸爸很噁心，渾身上下都是男人的汗臭味，兩條腿蒼白、多毛。珊米實在搞不懂，媽媽怎麼有辦法晚上跟他睡在同一張床上。但有時候父親這種生物也是可以忍受的啦，例如跟他隔著一段距離，或是他洗過澡，以及他手邊有皮夾的時候。

珊米沒有聽見她爸爸十分鐘前進來房間。她沒有聽到爸爸大吼，說她上學快要遲到了。即使爸爸確實聽到她出聲回應，那只是她大腦的自動反應。她弟弟已經換好衣服，去樓下的廚房餵狗吃麥片。珊米覺得弟弟也很噁心。他十二歲，講話粗魯，吃東西時嘴巴張開；當她用電腦時老是靠過來對著她呼氣；她看電視時把他的臭腳丫蹺在沙發上，亂摳結痂的皮；很噁心一直吸鼻涕，還可以聽到他把鼻涕吞進喉嚨的聲音。

珊米的大腦非常清楚，現在其實不是早上，而是半夜。她直到將近兩點才上床睡覺，到現在只過了五小時。無論從什麼標準來看，這樣都稱不上睡了一整晚，所以現在根本不算是早上。

　　她又睡著了。她不是故意的。有人搖晃她的肩膀。她咕噥一聲。是她媽媽。什麼？為什麼現在有人把她拖下床？她在哪裡？她是誰？為什麼是她？

　　「珊米，你醒了嗎？」

　　「嗚嗚嗚。」

　　「立刻起來，否則你要遲到了。」

　　「呃呃呃呃。」

　　「珊米，你要不要起床？除非你答應，否則我不會離開房間。」

　　「呃呃呃。好，我起床。」

　　她媽媽離開了，珊米掙扎著睜開眼睛。她盯著時鐘，努力想要理出頭緒。她媽媽為何叫醒她？還有五分鐘才到起床時間啊。她閉上眼睛。

　　才過了一下子……但其實是二十分鐘後，她的雙親都對著她大吼，說她快要遲到了。她強迫自己睜開眼睛，看著時鐘。

　　「該死，怎麼沒有人叫我起床啊？」

　　當然啦，珊米今天一整天在學校都會很累。她沒辦法專心上數學課；不管怎麼樣都討厭物理課；在歷史課睡著了，而且沒聽到老師交代作業；午餐的時候振作起來。到了法文

課又差點睡著，她只能怒氣沖沖地盯著老師，因為老師的聲音像針刺般讓她煩躁。而她認為就算告訴老師自己有多累，老師也不會在乎。

到了下午三點，珊米開始覺得超級清醒。剛好趕上放學的時間。回到家，她吃了一堆甜到爆的碳水化合物零食，邊看YouTube，邊匆匆忙忙寫完功課。然後好好坐下來認真滑手機看抖音。

全家人一起吃晚餐暫時轉移她的注意力，這只是一段休息時間，為接下來的幾個小時儲備力氣。她吃晚餐的時候越是脾氣暴躁、沉默不語，他們就會越快讓她離開餐桌。而如果她碰撞盤子，或甚至擦乾盤子的時候撞出缺角，他們很快就會厲聲叫她離盤子遠一點。接著她可以撤退到自己的房間天堂，把窗簾拉得緊緊的，營造出很像洞穴的昏暗氣氛。

晚上這段時間，珊米的大腦思緒飛快，充滿精力和才智。她完成了她這個年級在全校「氣候緊急行動計畫」的份內工作。這是她規劃的案子，懷抱著專注和熱情，寫了一封雄辯滔滔的電子郵件，抱怨政府漠視拋棄式塑膠製品。她還有時間在深夜進行哲學課的小組討論，主題是阮腳老師出的作業到底有什麼對的或錯的地方。

等到她的家人要去睡覺時，媽媽大叫要她把音樂關小聲一點，於是珊米戴上耳機，把音樂開得更大聲。已經有人告誡她，這樣會傷害耳朵，但那只是大人要潑她冷水才這樣說的吧。大人多得是什麼科學根據，說她為什麼不該做這個、不該做那個。她認為人應該要活在當下，況且時間還早，夜

晚仍有大好時光，手機正說著「讓我來娛樂你」。珊米也把握時間玩，直到她開始覺得好像累了，應該去睡覺了。

　　此時是清晨一點半。

珊米的大腦發生什麼事？

有很長一段時間，大家總認定青少年這種無法起床的狀況只是懶惰的表現。我們總是怪罪於他們選擇太晚睡，早上才會爬不起來。到了最近，怪罪的對象則是3C產品——這確實常常讓人難以入睡，無論什麼年紀的人都一樣。不過呢，現在有很多研究顯示，從生物學的角度來看，青少年的睡眠模式真的不一樣。

晝夜節律（circadian rhythm）是所有動物都有的睡眠和清醒模式。要控制這種節律，最重要的腦區似乎深埋於大腦內部，稱為「下視丘」（hypothalamus）。負責控制我們清醒模式的那些細胞，稱為生物時鐘或生理時鐘。更精確地說，是「視交叉上核」（suprachiasmatic nucleus）。

人類在夜間睡覺。生理時鐘讓我們在黑暗中睡覺，白天則清醒。我們可以在白天小睡片刻，但主要睡眠時間不在白天。如果必須白天睡覺、夜晚清醒，我們的感受和身體功能將會受影響，無法正常運作。正因如此，如果早上天色昏暗，要起床會比較困難，或者外面天色仍亮時也很難睡著。

平均來說，成年人每晚需要七到八小時的睡眠，不過年長的人需要的睡眠通常比較少。

六個月大

十歲

十五歲

成年人

各年齡層在二十四小時內
大約需要的睡眠時間

　　兒童的睡眠模式則不同，主要看年紀而定，小嬰兒的睡眠時間顯然長很多。然而值得注意的是，九、十歲的兒童傾向於達到成年人需要的八小時睡眠模式，但是如果沒有受到打擾，他們確實常常睡得更久。

　　不過呢，青少年的狀況當然更加有趣。差不多到了青春期時，突然間，生理時鐘似乎表現得很不一樣。有研究顯示，青少年（而且直到二十歲出頭都是如此）每天晚上需要大約九又四分之一小時的睡眠。[23] 你不必是數學天才就能計算出來，如果你熬到半夜才睡覺，那麼父母在早上七點試著叫你起床時，你距離準備醒來的時間還差得遠呢。你的身體要過了九點才會準備好。

　　嗯，真是愛睡覺的懶惰蟲！

褪黑激素

　　生理時鐘準備叫我們的身體開始感覺睡意時，大腦會製造「褪黑激素」（melatonin）。這種化學物質讓我們的大腦準備睡著。許多測試都顯示，到了青春期，身體在晚上製造褪黑激素的時間比兒童晚很多，[24]事實上大約與成年人差不多。正因如此，你常常到了很晚還沒有睡意。如果我們的身體和大腦沒有準備好，那麼確實很難睡著，連別人叫你早點上床睡覺也沒用。不過呢，有些做法還是會有幫助，包括早一點放鬆身心，以及晚上讓房間昏暗一點，幾乎像在哄騙你的大腦，讓它以為睡覺的時間到了。你會在這一章後面的「如何盡可能完成你的睡眠模式？」單元找到這方面的建議。

　　如果沒有睡滿九小時，而是只睡七小時就被迫起床，那麼在學期之間，每一週的睡眠時數就少了十小時。根據睡眠專家瑪莉・卡斯克敦（Mary Carskadon）的研究，隔天要上學的前一晚，青少年平均睡七個半小時，整學期平均起來則只睡六個半小時。這會隨著不同的家庭背景和社會環境而有差異。你和你的朋友一天睡幾小時呢？

快速動眼期睡眠

　　別人太早把你叫醒，還會產生另一問題，就是你會失去一種特殊的睡眠：快速動眼期睡眠（rapid eye movement

sleep, REM sleep）。稱為「快速動眼期」，是因為在這段期間，你的眼皮會抖動。快速動眼期睡眠往往發生在夜間睡眠的末期，因此如果大腦還沒準備好就得醒來，你會少掉這段睡眠。這段時間是你做夢的時候。 現在有許多專家認為，快速動眼期睡眠對記憶和學習特別重要，重要性不亞於健康的身心。[25]

睡眠不足的徵兆包括：

◉ 焦慮。
◉ 抑鬱和情緒低落。
◉ 免疫力不佳。
◉ 笨拙和意外受傷。
◉ 判斷力不佳。
◉ 記憶力和專注力不佳。
◉ 反應較慢。

身體在睡眠期間經常釋放出激素。睡眠不足或受到干擾，表示有些激素的濃度可能會出錯。那些激素負責控制各式各樣的身體功能，像是生長、細胞修復和食欲，以及性成熟。

睡眠遭到剝奪的人，體內的「皮質醇」這種壓力激素會增加。睡眠不足表示壓力增加。

所以呢？到了週末不能只是躺著耍廢嗎？週末不就是為了這點而存在？

可惜人生沒有這麼簡單啊。雖然可以在週末稍微補眠，但是對你的生理時鐘沒有幫助，可能還會更進一步造成干擾。確實如此，就算在週末多睡一點，還是有非常多的青少年顯示出睡眠嚴重不足的徵兆。

以下是一些驚人的統計數字：

● 睡眠影響你的成績：沃爾夫森（A. R. Wolfson）和卡斯克敦（M. A. Carskadon）在一九九八年進行調查，探討美國羅德島州三千名青少年的睡眠習慣，睡最多的那些青少年能得到A等和B等的成績，睡最少的那些青少年只得到C等和D等。

● 睡眠與心理健康之間有非常強烈的關係。大約有75%的憂鬱症患者出現失眠症候群。[26]

● 美國國家睡眠基金會（National Sleep Foundation）有一項研究，發現符合駕駛年齡的年輕人裡，有24%的人說他們曾在開車時打瞌睡。[27]

● 與食物遭到剝奪的大鼠比起來，睡眠遭到剝奪的大鼠壽命比較短。[28]

正在睡覺的青少年大腦真的非常努力運作

　　有證據顯示你在睡覺時，你的大腦做了很多重要的發育工作。聽起來像是很棒的新藉口，不想交作業的時候可以這樣說：「嗯，呆頭鵝老師，你看哦，我讀了這本書，裡面說我睡覺的時候，我的大腦做了一大堆非常重要的工作，所以我覺得你聽了這件事會非常高興，就是呢，嗯，我跑去睡覺。不過你猜怎樣？醒來的時候，原本放在床邊的那張作業紙還是整片空白耶。」

　　可惜沒這麼簡單，不過呢，事實也幾乎同樣令人驚訝。首先要記得，你做某件事或學習某件事，甚至只是嘗試做某件事的時候，你的大腦發生了什麼狀況。（需要的話，請回頭看「大腦的基本知識2」）。

　　請記住，重要的不是你有多少數量的神經元，而是神經元之間連結的數量，以及那些連結有多堅固。你做同一件事、萌生同樣的想法、辨認同一張臉孔、理解同一個代數題目（或甚至只是嘗試去理解）的次數越多，相關神經元之間就會增加連結的數目並加以強化。這表示下一次你再做同一件事會覺得比較簡單。

　　不過真正令人吃驚之處，則是有證據顯示，正在睡覺的大腦會練習你清醒時做過的事。在一項研究中，科學家檢視小貓尚未發育完全的大腦。[29] 他們發現小貓睡覺時，大腦神經元之間的連結有實質的改變，主要看小貓那一天做了什麼活動而定。科學家可以真正觀察到小貓的大腦，發現小貓做

了特定活動而睡著後，可以看出樹突和突觸的數量和複雜度都產生變化。類似實驗也曾在大鼠身上做過。

　　如果這種情況也發生在人類的大腦（大腦的生物性質似乎經常依循其他哺乳類的相似模式），這就表示當你有天晚上背誦一些歷史年代，等到快速動眼期睡眠期間，你的大腦會複習那些知識、強化那些連結，隔天你的考試成績會比較好。不過呢，假如沒有經歷快速動眼期睡眠，這種狀況就不會發生。同樣的，如果你在晚上花時間癱坐在電視機前，看一些差勁的實境秀節目，到了夜裡，你的大腦會發現唯一可練習的事情，會是幾個人互相大吼大叫的影像，或者光著腳走來走去，只是漫無目的地發表一些空洞愚蠢的言論。

　　這些大腦活動也發生在成年人和兒童身上，不過有些因素讓青少年的大腦不太一樣，也因此這對青少年來說特別重要。關於這點，要回頭看我在第2章談過的一件事：與科學家過去的認定正好相反，青少年的大腦最具決定性、最巧妙之處，就是在青春期這個人生階段，是你自兩歲以來，大腦正在進行最徹底、最重要改變的時候。

　　科學家稱之為「可塑性」（plasticity）。可塑性也在其他年齡層的大腦發揮作用，畢竟大腦一直都受到我們各種行動和經驗的影響。不過你的青少年大腦的變化速度很快，我們可以說它的可塑性較高，可塑造的程度比年紀更大的大腦更好。這也有助於解釋你們青少年為何需要比較多的睡眠：你在白天經歷與學到的所有變化和事情，才能經過大腦的處理而儲存起來。

因此，在青少年時期，你如何對待自己的大腦是非常重要的事，遠比你父母在他們青少年時期體認到的重要多了。其中你能做的最好的一件事，就是睡覺。不過要在適當的時候睡覺。

　　這一點，當然啦，是個問題。因為你不能改變早上的到校時間（不過有些學校已經改變了，還滿成功的），你不能改變自己的晝夜作息規律，你不能徹底改變自己大腦決定要開始製造褪黑激素的時間。

　　不過有幾件事是你可以做的，藉此盡可能擺脫你的生理時鐘，得到你的最佳睡眠狀態。我會在這一章結束的地方提出這方面的建議。

青少年的大腦為何會這樣？

　　如果你想要知道青少年的大腦為何會這樣，以下是一些有趣的理論。不過請記住，這些理論並不是各自獨立，只是從不同的方面考慮這項議題，而它們全都彼此相關。

理論 1：與演化有關之一

　　在久遠以前的人類史前歷史上，或許在某個時候有新一代的強壯青少年熬夜到比較晚，於是可以協助成年人保護族

群，這可能對族群存續很重要。現在這件事當然不重要，不過演化生物學要花好幾千年才能趕上腳步。然而，這個理論不太能解釋青少年想要睡到中午的狀況。有沒有可能也牽涉到一點點偷懶的因素？

理論 2：與演化有關之二

人類有特別漫長的青春期，因為人類的成年生活非常複雜，所以青少年需要學習比較多的事情，也比其他動物有更多的發育需求。既然我們知道睡眠對於大腦生長和發育非常重要，又既然人類青少年有更多方面需要發育，這或許能解釋青少年的大腦為何需要比較多的睡眠。

理論 3：主要與文化有關

根據這個理論，青少年太晚就寢、導致早上很累的原因，是因為他們晚上太忙了。忙著看各種螢幕裝置、聊天、與家人吵架、功課太多等等，讓大腦很興奮，實在沒有準備好或沒有意願去睡覺，結果一直熬到很晚。青少年經常到下午三點才整個清醒過來，因為這個時候準備放學，生活開始要變得有趣了。

理論 4：這是自然而然的結果

睡眠幫助大腦發育和身體生長。青少年的大腦正在大幅發育，他們的身體也突然開始生長，因此需要比較多的睡眠。

當然啦，這很有可能是上述這些理論的綜合結果。然而針對人類和其他動物所做的研究顯示，青春期的睡眠模式確實改變了，這點毫無疑問，而且改變幅度可以測量，方法是在一天之中的不同時段檢驗唾液所含的褪黑激素。[30]青少年經常在大白天也分泌褪黑激素，他們想睡覺也就沒什麼好驚訝的了。

如何盡可能完成你的睡眠模式？

雖然不能說你不想要青少年大腦（為什麼會不想要呢），但還是有些事可做，幫助自己在需要的時候好好睡一覺。現代世界迫使你的睡眠時間遭到剝奪，你可以讓這種情況的影響降到最低。你還是會發現大腦沒有在你睡覺的時候幫你寫歷史作業，不過可能會發現你有精力自己寫作業了。

● 要喚醒你的生理時鐘，最好的方法是早晨的明亮光線。聽起來可能很討厭，不過在你需要起床之前，如果有人拉開你的窗簾、打開所有的燈，是會有幫助的哦。

● 吃過午餐之後，避免所有含咖啡因的東西，包括咖啡、茶、可樂、能量飲料等等。

● 如果你在白天有好幾段時間很想睡覺，試試看在那些

時候做點積極和刺激的事，不只能避免睡著，也可以讓你的生理時鐘順應晚上的睡意。

- 努力嘗試在週末趕上進度。試著在合理的時間去睡覺，至少一個晚上都好。不要一直睡到午餐時間，這樣對你的生理時鐘沒有幫助。

- 試著幫助你的生理時鐘，在早晨得到大量的光線，到了晚上保持黑暗。白天期間，待在戶外的時間越久，你會得到越多的自然光，對你的生理時鐘很有幫助。

- 如果你有睡眠方面的問題，那麼不要用早上睡到很晚的方式來補眠就變得更重要了。要練習睡得健康（參見下面的段落）。

- 不要服用助眠藥物來幫助入睡，除非是醫師開立的處方。有時候服用溫和的草藥是沒什麼害處啦，但是你會開始認為自己非用不可，這在心理方面不是好事。詢問你的藥師，看看該怎麼選擇比較好。

- 很多人覺得在枕頭上噴一點薰衣草油有助於入睡。

- 恐怕你不會喜歡這一點，不過有證據顯示，[31]如果父母訂定了上床睡覺的時間，青少年真的會睡得比較多，隔天也

表現得比較好。（如果上床睡覺的時間設定在半夜，研究顯示心情沮喪的例子比較多；若設定在十點上床睡覺，則沮喪的情形比較少。我就說吧，你不會喜歡這一點！）

睡得健康

這裡要告訴你的是：到了晚上，如何訓練你的身體開始考慮去睡覺，以便很快睡著。在你想要上床睡覺之前的一到兩小時，遵循以下的規則：

- 避免情緒亢奮、玩電腦遊戲、吵架、做任何困難的事、觀看吵鬧／歡樂／興奮的電視節目、燈光明亮。除了電子書閱讀器以外，關掉所有的3C產品，並確定全都沒有打開通知的功能。

- 完全不碰含酒精的飲料，那雖然會令你昏昏欲睡，事實上嚴重干擾睡眠。

- 溫的牛奶飲品（不含咖啡或茶）有助眠效果。牛奶加熱後含有一種化學物質，是天然的助眠劑。

- 專注於放鬆：聽點音樂，在房間裡慢慢消磨時間。（是的，你甚至可以整理房間，只要慢慢進行、心情放輕鬆就好。）

- 做一些溫和的運動是不錯的主意，像是瑜伽或伸展運動。但是不要做那些會讓心跳和呼吸加速的運動。

- 泡個溫水澡，並成為你睡前的習慣，這也是一個非常好的主意。快要上床睡覺之前去泡澡。在你的浴缸裡加點薰衣草油也會有幫助。

- 維持相同的睡前習慣，於是你的大腦會開始把換穿睡衣和刷牙都與睡覺連結在一起。以我個人來說，我發現寫日記會帶來睡意，可能是因為我的生活很無聊吧。

- 躺到床上時，看書或聽柔和的音樂，然後把燈關掉。

- 不要上網，讓手機關機。背光的螢幕以及某人聯絡你的壓力，都很可能讓你保持清醒。

- 準備睡覺的醞釀時間不要超過二十分鐘。乾脆爬起來讀點東西或東摸西摸，直到睡意襲來。你的大腦必須學習到床鋪就等於睡覺。

- 如果早上醒來覺得很累，不要慌張，你會好好的！幾個晚上沒睡好不會有什麼差別，那是可以彌補的。

考試時間

這是不容爭辯的事實：如果你睡眠不足，則大考和小考都會沒辦法盡力發揮。（不過如同我之前說的，只是幾天晚上睡不好，不會造成很大的差異。）所以呢，就算你在其餘時間完全沒有遵循先前的建議，現在就這麼做吧！

哈佛大學在二〇〇〇年做的一項研究顯示，在快速動眼期睡眠期間，大腦把最近學到的資訊儲存起來並反覆練習。[32] 所以前一晚複習功課是好事，但念書到很晚，或起個大早念書，其實都會干擾記憶，因為你失去了快速動眼期睡眠。

一些需要認真看待的睡眠統計數字

- 45％的青少年在上學前一晚的睡眠時間不到8小時；31％睡了8到9小時，20％睡足了建議的9小時或更多。[33]

- 64％的年輕人坦承曾在開車時昏昏欲睡。[34]

- 美國的北卡羅萊納州有一項研究，發現因為睡著而造成的所有車禍中，超過一半的駕駛人是25歲以下的年輕人。[35]

- 青少年在晚上若經常睡不到7小時，則做出危險行為的機率顯著增加。[36]

  關於睡眠方面的建議，請見我寫的書《睡眠的神奇力量》（*The Awesome Power of Sleep*），我的網站也提供很多免費的建議。

幫自己測驗看看！

你有多想睡？

　　這裡有個簡短的測驗，看看你有多想睡覺。這是醫師所用的測驗，不過這是他們進行一系列測驗的其中一部分，因此你自己做出來的結果不足以判斷是否真的有睡眠方面的問題。

　　閱讀每一種情境，判斷你在那種情境下睡著的可能性通常有多高，並圈選。

0　　沒有機會睡著
1　　稍微有機會
2　　還算有機會
3　　很有機會

情境

坐著和閱讀

0　**1**　**2**　**3**

看電視

0　**1**　**2**　**3**

在公共空間坐著不動（例如電影院）

0 1 2 3

搭乘汽車時一小時沒有休息

0 1 2 3

如果你在下午躺下來準備休息

0 1 2 3

坐著與某個人交談

0 1 2 3

吃完午餐之後安靜坐著（例如上一堂課或讀書）

0 1 2 3

在一輛車子裡，遇到車陣而停下來幾分鐘時

0 1 2 3

計算分數：把你的得分全部加起來
9分以下　　　　睡意是一般程度
10至**13**分　　　睡意是輕微程度
14至**19**分　　　睡意是中等程度
20至**24**分　　　睡意是嚴重程度

只要睡意超過了一般程度，你就應該要考慮一下，也許你沒有得到足夠的睡眠。試試看這一章前面提過的一些訣竅。如果睡意對你造成問題，那就真的要去看醫生。

　　致謝：這個測驗是「愛普沃斯嗜睡量表」（Epworth Sleepiness Scale），由澳洲墨爾本大學的莫瑞‧瓊斯（Murray W. Johns）博士發展出來。感謝他的慷慨應允而能在此重現（©M. W. Johns 1991-7）。此處的用字經過些微調整，以便符合青少年的年齡範圍。

第 4 章

冒險行為

「我為什麼那樣做？因為想要做做看，就這樣。」

來認識馬可。他的父母已經開始害怕聽到電話鈴聲響起。

星期六的夜半時分。馬可的父母躺在床上。他的父親快睡著了。他的母親本來快睡著了，但現在非常清醒，知道馬可還沒有回家。他應該要叫醒他們，說他回來了。她看時鐘顯示現在是一點半。他應該要在半夜一點左右回到家。超過半小時並不是太糟，她見識過更糟的情況。比現在糟糕許多。

有一次警察帶馬可回家。他當時醉醺醺地推著超市的手推車。

還有一次警察帶他回家。他們抓到馬可拿著保險套，試圖套在路邊一輛警車的排氣管上。

另一次警察也帶他回家。他宣稱不知道自己是誰，其實那是挑釁的行為。警察威脅要控告他浪費警察的時間。他爸爸問道：「那麼浪費父母的時間呢？有什麼樣的懲罰？」

他們必須擔心的還不只是每週六的晚上。上學的時候也一樣。這個學期目前馬可有四次留校察看紀錄，有一次是因

為沒有乖乖去留校察看，一次是抽菸，另一次是上課的時候從教室窗戶爬出去，還有一次是假裝體育課的時候看到耶穌的影像。後面兩次當然都是故意挑釁的行為。

不只留校察看，家裡也收到電子郵件。「親愛的羅旋面先生和太太，我得請你們注意，馬可在風狂老師的雕塑課一直做出干擾的行為。今天他製作了一些形狀像人體器官的作品。」

而學校的報告是這樣：「馬可是開朗的孩子。不過，他在課堂上有很多行為是大家所不樂見的。馬可似乎覺得他的人生使命就是裝瘋賣傻，干擾所有的課堂。」或者是：「馬可無疑有很多才能。然而，他把這麼多的長處隱藏起來，讓我很困惑，不知道他到底有哪些才能。」或者最近的一次：「馬可無疑會很有成就。然而，現在可能不是完全走在正確的道路上。」

此外，他的父母還接到很多通電話。「凱西，我不想讓你擔心，不過我很確定剛才看到馬可在上學時間出現在購物中心，踩著直排輪。我猜想有可能不是他啦……他的移動速度很快，而且好像戴著警察的安全帽。」或者：「媽，不要抓狂哦，我人在醫院。沒事啦，只有頭受傷。」

這不僅僅因為他是青少年。這種行為早在馬可還是剛學會走路的幼兒時就開始了。有一天，他剪掉了姊姊的芭比娃娃的頭髮，因為他發現這樣能引起姊姊震耳欲聾的尖叫聲。這種情況延續到幼兒園時期。有一次，他裝扮成超人，想試試看自己能不能飛，於是從嬰兒高腳椅上跳下來，而當時還

有嬰兒坐在高腳椅上。到了小學更嚴重，當時他一下子把老師逗得很樂，一下子又讓他們勃然大怒。到最後老師走進教室時，永遠不知道究竟會遇到什麼樣的場面。而進了中學，這種脫序的行為進一步發展，從完全不能做點安靜、合理、增進專業能力的事，衍生為經常被逮到抽菸，即使他其實很討厭抽菸。他甚至在學校有重要訪客時，故意觸動火災警報器，而且晚上出門從來不曾準時回家。

所以，她媽媽半夜清醒地躺著，心情擺盪於恐懼和氣憤之間，也就沒什麼好驚訝的了。馬可在哪裡？他在做什麼？他這時候惹上什麼樣的麻煩？難道他不了解媽媽有多麼擔心嗎？他有沒有真心在乎過哪個人？

她受夠了。她匆匆掀開被子，伸手去拿手機。她以笨拙的手指和模糊的視線，選了馬可的號碼。鈴聲響了。繼續響著。她正準備放棄時，他接起電話。

他的聲音含糊不清。從大吼大叫的音調聽來，他又喝醉了！

「馬可，你到底在哪裡啊！」她氣沖沖地說道，努力不吵醒其他家人。

「在床上。你把我吵醒了啦。」

馬可的大腦發生什麼事？

馬可是很敢冒險的人。有些人如此，有些人不是，無論他們是不是青少年。如果你不是非常勇於冒險的人，你有可能順順地挺過青少年歲月，沒有讓你的父母心臟病發作；不過你也有可能找到很多方法，讓他們壓力指數飆升。如果你天生就很敢冒險，那麼有一些原因可以說明，你身為青少年為什麼喜歡做出極端冒險的行為。我很快就會談到那些原因。

不過呢，先來談談所謂的冒險。事實上，所有人在某方面都是很敢冒險的人。我們必須冒一些風險，以便進行日常生活。（即使躺在床上，還是有可能冒著風險，你有可能發生血栓，或者可能有飛機墜毀在你家。）

無論你是青少年或成年人，為了成功，我們都需要冒險。如果你想要一份特別的工作，可能必須面對一場緊張的面試，你有可能失敗，但如果不肯冒險，你絕對不會得到那份工作。你可能必須申請某個困難的訓練課程，或者申請某所頂尖大學，同樣的，會有失敗的風險，會有遇到陌生人的風險，會有在就學期間生活貧困的風險。如果你想造訪另一個國家，旅行的時候也是得冒著一點小風險。

冒險不只是牽涉到危險，也牽涉到嘗試某種新事物，某種第一次可能不成功的事物，或者可能不喜歡的事物。如果我們天生就被設計成從不冒險，那麼我們將無法取得任何成

就，而人類早在起步之前就會失敗。我們甚至不會吃現在吃的食物，因為害怕它們可能有毒。我們也不會去打獵、不會製造飛機、不會出國旅行、不會認識新朋友、不會找到利用環境的新方法，更不會有任何新發現。

其他動物也有類似的情形：即使可能有獅子正在盯著牠，羚羊還是選擇冒險前往一片草地，因為吃草會讓牠變得更強壯、更適應生存競爭。不過，羚羊是否會這樣理性地衡量風險？幾乎可以確定不會。實情是：羚羊、人類和其他動物的生物本質，都被預設成追求獎勵或樂趣。羚羊知道那片草地看起來很美味；唯有在更深層的、無意識的生存本能中，才真正「知道」那片草地會讓牠變得更強壯，還能提高牠生小羚羊、傳遞基因的機會（這就是此類動物定義成功的方式）。如果羚羊只在乎風險和恐懼，牠就永遠不會去吃草。不過牠也渴望得到樂趣，正是這種對於樂趣的渴望，讓我們不管有沒有危險都要採取行動。生存和成就，正是冒險與謹慎所達成的微妙平衡，而這種平衡是由樂趣所驅動。

> 在這一章的最後面幫自己做個測驗，看看你的冒險性格有多強。

多巴胺：樂趣的因子

冒險，或者說得更精確一點，為了生存而冒險，會為我

們帶來樂趣。如果你曾經搭乘雲霄飛車，或其他刺激的遊樂設施，你會了解搭乘結束、安全回歸時那種狂喜的感受。大家搭乘時雖然會放聲尖叫，不過，結束時看看他們的表情。以我個人來說，我討厭搭乘那些遊樂設施，但確實記得自己熱愛搭完之後的狂喜感覺。這就是「戰慄」這個詞的真正意義。

不過呢，這種愉悅感不只是因為想到：「哇，我挺過那樣的冒險而存活下來了！多棒啊，我會繼續活著度過另一天！」事實上，腦中也有實質的東西持續運作，產生愉悅的感覺。而且每一個人都如此，無論是不是青少年都一樣。

一種名為「多巴胺」（dopamine）的大腦化學物質會啟動這些愉悅的感受。多巴胺是一種特殊的化學物質，稱為「神經傳導物質」（neurotransmitter）。神經傳遞物質幫助在神經元之間傳遞電脈衝。多巴胺有很多功能，但有一種功能與愉悅有關。不是你躺在沙灘上所能體會的那種平靜的愉悅，而是非常戲劇化的愉悅感，既刺激又興奮。它為你的生活增添了「哇！」的驚喜感。

> 多巴胺的任務是讓你渴望得到樂趣或回報。它讓你選擇採取特定的行動，讓你得到樂趣。你的多巴胺系統越是活化，你就越想要求得樂趣，也越想要採取行動得到樂趣。

研究人員一旦把實驗大鼠的多巴胺系統移除，大鼠就不

再尋覓新鮮的事物。我們很需要這種尋求刺激的元素，否則會變得懶惰。

雖然所有人都想要得到樂趣，但有些人的大腦似乎更勇於追求樂趣。這些人的多巴胺系統也許比較活躍（但有時候過度活躍）。於是發生這種情況：你越是興奮，你的大腦釋出的多巴胺就越多，於是你希望更加興奮。可以這麼說，你變成對興奮上癮了。

面對風險時，什麼因素讓青少年顯得很特別？

如果所有人類都是天生就願意為了成功而冒一些風險，而且有些人（無論年齡）比其他人願意冒更多的風險，那麼，是什麼因素讓青少年顯得不一樣呢？很多青少年確實願意冒更多的風險，從事比較危險的事情。[37]年輕的駕駛人死於車禍的機率高了四倍，而且年輕駕駛人比較常超速、酒駕、未繫安全帶。此外，年輕人冒險從事性行為、喝酒、嗑藥或違反規定的行為也比較多。

很多研究顯示，談到多巴胺，成年人和青少年之間出現有趣的差異：濃度有差異。而至少有些青少年面對冒險或追求新奇事物的興奮感也會出現不同的反應。其中一項發現相當有趣[38]：青少年的大腦掌管獎勵的腦區可能會忽略小小的獎勵，但是碰到中等程度的興奮事件後，卻會產生誇張的激動反應。這表示如果你是追求刺激的人，有可能需要遇到較大的風險，才能產生你所渴望的興奮感。也有一些人認為，

大腦有個腦區叫做「腹側紋狀體」（ventral striatum），當你面對興奮事件要做出反應時，這個腦區很重要，而青少年的腹側紋狀體比較不活躍（或者該說是有些青少年）。因此，有些人可能需要從事比較危險的冒險行為，才能滿足大腦對會帶來快樂的化學物質的渴望。

有些青少年即使沒有特別愛冒險，也可能突然出乎意料冒個險。會這樣做，也許是渴望融入環境，或者讓朋友刮目相看；而自尊心低落的人，比較願意為了順應同儕的壓力而冒險。[39]這些青少年可能覺得，若想得到別人的尊敬、關注和喜愛，從事冒險行為是最好的方式。或者，他們這種不尋常的冒險行為，可能只是突然缺乏判斷力所致。或者，也可能是他們根本沒看出那種行為帶有風險，只是「想要做做看」。

我們研究青少年的大腦時，這種「只是想要做做看」的概念真的很重要。這又與樂趣的角度有關了。這是渴望得到樂趣的一種直覺反應。對青少年來說，與其事先思考，他們的直覺反應似乎是更強的激勵因素。你當然可以事先思考，但是你做決定不太會根據事前的思考，而是根據當下的情緒。而且請記住：事前的思考和理性評估風險，都需要用到「前額葉皮質」。至於成年人，不見得每個人都很擅長盤算未來的狀況。但如果不擅長，成年人就比較不能拿大腦發育不成熟當藉口了。

很多研究都顯示，青少年要判斷某件事的發展會不會有風險時，比較是根據當下的心情，而不是事前的思考。要根

108

據事前評估的結果和風險來做正確的決定時，我們需要的腦區是前額葉皮質。你也知道，你的前額葉皮質還沒有發育完全，雖然它真的盡力了；有時候從「功能性磁振造影」看得出來，你的前額葉皮質甚至比成年人運作得更賣力。你絕對可以妥善評估風險有多高，但你可能會覺得，根據邏輯推論來做決定實在太麻煩了，還不如根據當下的心情來做決定。研究也指出[40]，要決定某件事是否危險時，青少年花的時間比較久一點。

　　還有一個很棒的發現[41]，青少年要決定是否冒險時，根據有沒有朋友在場，他們會做出不同的決定，大腦的活性也不同。讓朋友刮目相看的需求是很重要的，這讓青少年能夠抬頭挺胸，變得獨立而不依賴父母。但有時候，他們甘願冒著更危險的風險。有些統計數據顯示，青少年身為團體的一員時，發生車禍或參與犯罪的機率比獨自一人的時候高多了。

青少年為什麼應該要表現得與眾不同？

　　我們可以從好幾種不同的角度來看原因。就像之前說過的，這牽涉到不同的層面，我們可以從中觀察人類的行為。也像之前說過的，這些想法彼此都有關聯，我們為何是這個樣子、為何表現出這種種的行為，說到底都是由演化而來。

理論 1：與演化有關

　　這個想法是說，青少年起初之所以變成勇於冒險的人，是因為在早期人類生活的時代，冒險可能帶來生存的優勢。當青少年邁向成年時，他們需要學會獨立生活，並建立自己的家庭。因此，他們只能趁著還有父母保護時，在相對安全的環境中進行冒險，才能學會勇敢，以後才能成功生存下來。重點就是要學習什麼事是可以安全去做的，什麼事則是不能做的，過程中允許犯錯，這是寶貴的經驗。而且在演化過程中，最適者倖存，而冒險又能強化這一點，讓你得到比較優質的食物、比較強壯的配偶、比較舒適的生活環境。

理論 2：與生物特質有關

　　這又回到那個理論：前額葉皮質還沒有發育完全，因此很難根據事先預測的結果做出合理的決定。如同我在前面提到的，某人的前額葉皮質受傷，經常很難做出良好的判斷，也比較容易冒著巨大的風險。根據這個理論，最好由父母或成年人來做決定，直到青少年發展出相關的判斷力為止。

　　雖然很多成年人也會做出危險的冒險行為，但有些青少年的冒險行為比較不是根據事前盤算過的決定。當馬可喝了四杯伏特加，醉醺醺爬進超市的購物車時，他甚至還沒開始

評估會有什麼樣的風險。他「只是想要做做看」。他事前沒有思考。

理論 3：其實呢，青少年的冒險行為很正面又有用處

青少年的冒險行為有非常好的理由，不過可能是在潛意識層次：他們希望獲得接納，成為團體的一分子。這是身為人類非常重要的一個層面。青少年確實想要在社會上建立一席之地、強化與朋友的連結、堅持自己的立場。我在第 1 章談到同儕和社交壓力時，對這方面已經有很多討論。

理論 4：與文化有關

青少年的行為是由青春期階段的展開所引發。平均來說，在已開發國家，青春期展開的時間比五十年前提早了一點，因此青少年開始冒險的時間也比較早，這個時候大腦還沒準備好進行規劃和決定。除此之外，現在的冒險行為也更糟糕。毒品的效力更強，取得的管道更廣泛，酒類也一樣；青少年經常有更多錢，也能接觸風險更高的夜生活，像是去夜店；對於性的禁忌變少了；青少年也獲准能夠自己做更多的決定。另一方面，青少年其實常常想做一些比較沒那麼危險的事，但大人不准（像是在鄉間騎自行車、在沒人管的閒暇時光偶爾跑出去亂晃等等），這樣只會讓他們去接觸一些比較危險的事，例如喝酒、毒品和性愛。

冒險的另一個面向

負面的冒險行為不只是跳進超市的手推車，或者情緒太嗨而惹上麻煩，也可以是不健康的飲食習慣、不在乎你自己的身體狀況之類的事。這也許不太像是冒險行為，不過，它確實是。

生活上的冒險行為包括一些特定的行動，像是抽菸、不安全的性愛、酗酒或嗑藥等。加上對食物的選擇很不健康，體重明顯過重或過輕，都會在短期和長期的健康方面增加嚴重併發症的風險。

你們很多人都過著非常健康的生活，對於吃進身體的食物做了很好的選擇，也有適當的運動量。但有非常多的年輕人並非如此。

「年輕人健康協會」（Association of Young People s Health）於二〇一〇到二〇一八年在英國進行調查，發現以下結果：

● 到十八歲的人當中，每十二個人只有一個人在每天的飲食中至少包含五份水果和蔬菜。

● 只有16%的男生和10%的女生之運動量達到建議的標準（標準還逐漸下降）。

● 在二〇〇五到二〇一五年之間，十四歲的人每晚睡不到八小時的比例變成兩倍。

● 在二〇一七年，英國有23%的男生和20%的女生屬於

過胖的類別。[42]

　　就像吃太多食物或加工過度的食品是有危險的，吃得不夠多、或有益的食物吃得不夠多也是有風險的。在你這個年紀，如果對於吃的東西（或不吃的東西）沒有做出合理的決定，你可能會缺少那些對未來健康至關重要的維生素和礦物質，這樣也是有危險的。

酒類

　　在這樣一本談論青少年大腦的書裡，酒類需要用單獨一個段落來討論。我們把喝酒和愉悅聯想在一起，也把喝酒和危險聯想在一起。可惜的是，青少年的特殊大腦對酒精有特殊的反應，讓危險的嚴重程度多了好幾倍。青春期的大腦特別容易受到酒類和其他毒品的危害，但科學家還不確定原因。不過還是有好消息：與這本書在二〇〇五年初次發行的時候比起來，在世界上的很多地方，包括英國，選擇不喝酒的青少年變得比較多了。

　　然而，有些青少年確實飲酒過量。此外，在二十年前，男生顯然是較大宗的飲酒族群，但現在有很多女生喝得更多。關於這一點，有個問題是：酒精讓你比較有可能進行事後會後悔的性行為，包括導致始料未及的懷孕。而且在酒精的影響下，很多人無法適當表達是否同意進行性行為。[43]

　　從一九九〇年代持續至今，飲酒變成嚴重的問題，有個

原因是一些青少年選擇像伏特加之類的烈酒，它們經常偽裝成甜味的調酒。比起葡萄酒或啤酒，像伏特加這樣的烈酒更容易喝得非常醉，而且更難知道你到底喝了多少。那類烈酒很容易偽裝成甜味飲料的口感，讓人很快就喝下肚。我很擔心一項事實：科學家說青少年喝酒沒有所謂的「安全量」。如果有關心年輕人的成年人向你警告喝酒很危險，是因為我們真的很擔心，而不是因為我們想要潑你冷水、讓你掃興。傷害你的大腦並不好玩。真的不好玩。

你不希望有人提醒你「別喝醉」；如果我這樣說，你可能會裝作沒聽到。不過真抱歉，多虧我們對於青少年大腦的新知識，那種訊息是不能逃避的。如果你打算要喝酒，至少要知道你所涉入的是什麼樣的狀況。接著問自己：你為什麼要把自己的大腦傷害到那種地步？

> 因為某種原因，喝酒往往讓成年人想睡覺，但對青少年不會產生這種作用，而是往往讓他們亢奮過度，比較有可能做出蠢事。[44]

以下是一些殘酷的實情：

● 年輕人喝下含酒精飲料，絕大部分是以狂飲方式喝下的（這是指男性喝掉五單位以上，或者女性喝掉四單位以上）。[45]

● 反覆驗證的研究顯示，從十五歲以前就開始喝酒的人，

往後的人生碰到酗酒問題的風險比較高。很多研究都認為風險高出五倍。[46]

● 以大鼠做的研究顯示，能夠傷害成年人大腦的酒量，只要一半就能傷害青少年的大腦。[47]

● 我們的大腦在受傷之後固然有能力進行一點重組，但酒精傷害的是一些關鍵的腦區，牽涉到記憶和學習，所需的修復是極端困難的，如果不是幸運之人，往往不可能修復。

● 平均每天喝兩杯酒、持續喝兩年的青少年，記憶力的表現減少了10%（比嚴重酗酒的成年人更差）。[48]

● 在飲酒不當的情形中，每一年有30%與自殺有關。[49]

所有證據都顯示，青少年的大腦極度容易受到兩種傷害，一種是上癮的可能性，另一種是酒精本身造成的立即影響。此外，青少年的肝臟也不能像成年人的肝臟那樣好好代謝酒精，因此青少年沒有喝太多酒就會喝醉，這種效應已經夠糟了，更別說在這個發育的關鍵時刻，大腦也冒著受到傷害的風險。

在青春期改變最多的許多腦區，似乎都對酒精很敏感。從研究室的實驗結果看來，接觸到酒精的青春期大鼠，牠們的「額葉皮質」有顯著的傷害。有酒癮的人類，他們的「海馬迴」（hippocampus）顯然較小，而這是對記憶非常重要的腦區。因此，從這兩個腦區可看出，正常青春期的大部分變化非常容易受到酒精的傷害。自從大約二〇一〇年起，許多

醫師開始觀察到，患有晚期且無法治癒的酒精性腦部和肝臟疾病的青少年患者，以前只有年紀較大的病人才會出現這種情形。

長期飲酒可能導致上癮，而且絕對會導致永久的腦部傷害，但問題不只是這樣而已。關鍵不只是長期飲酒，關鍵是喝醉，而且你不必很常喝醉就會出問題。一次狂飲不會讓你變成酗酒的人，但是你還沒有機會變成酗酒的人，酒精就有可能要了你的命。

一段安慰的話

如果你已經喝醉過好幾次，或者知道有人這樣，不用太過焦慮。從現在開始，你有機會做出良好的選擇。你所做的每一種良好選擇，都會幫助大腦幫你好好運作。如果你很擔心自己（或某位朋友）沒辦法不喝酒，不妨找個有關戒酒和戒毒的慈善團體尋求協助。你不會遭到批判，他們會幫助你。

酒類的危險性

只要一次大量飲酒，就有很多方法會讓你死掉，或遭受巨大的傷害。

- 你可能吸入自己的嘔吐物。
- 你可能開車。

- 你可能搭上一輛車，是由喝醉的朋友開車。
- 你可能決定獨自走路回家。
- 你可能從人行道跌出去，摔到車道上。
- 你可能搭上某人的車，他希望你受到傷害。
- 你可能遭到攻擊，而且到了隔天早上，你可能根本不記得。
- 你可能發生了自己不情願的性行為。
- 而且你可能摧毀了不少腦細胞。

性行為和酒精

由於酒精會降低抑制力，也改變我們做出安全和理性決定的能力，這可能使人更容易進行性行為，即使這原本並不在計畫或意願之中。無論男性或女性都會感到後悔。這種後悔可能很輕微，例如「真希望我能緩一緩」，也有可能萬分後悔。此外，有比較高的機會沒有避孕，或者沒有好好使用避孕方法，增加了感染「性傳染病」或懷孕的風險。也有比較高的機會發現自己處於不安全的情境，並做出一些在清醒且保持理智時不會做出的決定。

如果是受到酒精的影響，法律不會把從事性行為的選擇視為「知情同意」。也就是說，與受到酒精影響的人發生性行為，表示你沒有取得那個人的同意。「喝醉」不必然表示會「不省人事」；如果你認為某個人完全受到酒精或毒品的影響，你唯一該做的事就是確保他們的安全，直到清醒為止。

「噢，那種事不會發生在我身上，我絕對不會做那些事。我絕對不會讓酒精害我失控。」你會這樣說，是因為你讀這本書的時候很清醒，能夠控制自己。酒精則會奪走你的控制力。是的，喝酒讓你快樂，否則大家為何要喝酒呢？不過，你的多巴胺系統開始作用之後，你想要更多的快樂，更多更多的快樂，而你還沒反應過來，就讓自己冒著這輩子最大的風險了。

「毒品⋯⋯大麻一定可以吧？那不是比喝酒安全多了嗎？」

「那只是一點草嘛。」嗯，大麻也許是用草做成的，不過那是會改變心智狀態的毒品。酒精也是，海洛因也是。說大麻很安全的那些人，其實是自欺也欺人。大家都只相信自己想要相信的事，但即使是那些本來說大麻很安全的人，現在也必須面對幾項事實，這些事實是根據近期的研究：

- 大麻的煙霧含有一些高濃度的致癌化學物質，與普通的香菸是一樣的。
- 大麻會傷害記憶力、專注力和協調能力。
- 長時間使用大麻，罹患憂鬱症和思覺失調症的風險提高很多。紐西蘭進行了一項大型的長期研究，其結果指出，多年來經常使用大麻會讓智商降低（智商是關於智力的評量指數）。

- 副作用包括恐慌症發作、噁心反胃和產生幻覺。
- 要停用大麻是非常困難的；換句話說，這是會上癮的。
- 大麻會隨著時間在體內累積；這與酒精不一樣，肝臟會把酒精代謝掉。
- 大麻沒有所謂的建議安全用量，因為就大麻來說，沒有人知道什麼叫做安全。

如果酒精對青少年的危害程度比對成年人更高，大麻很可能也一樣。越來越多的研究顯示，大麻對人體有很嚴重的長期危害，包括以後出現心理疾病的風險。如果你使用毒品，就是冒著巨大的風險，與喝酒是一樣的。

大麻與法律

關於大麻的法律規定（加上其他毒品，還有酒類）有很多差異，所以請查詢你的國家的法律。在英國，大麻在二〇〇四年降級成C級，但在二〇〇九年又重新分類為B級。這表示持有大麻是違法的，即使是娛樂用途也一樣。而且把大麻交付或販賣給其他人是更嚴重的違法行為，連朋友之間都不行。

在英國，自從二〇一八年以後，有些醫師可以針對一些特定的情況，以醫療用的大麻抽取物開立處方箋，但這與娛樂用途的大麻是不一樣的。

抽菸

對啦，對啦，你知道抽菸對你不好。你完全知道關於肺癌、心臟疾病、呼吸道問題這些事。你可能不予理會，因為這些事要等到你年紀大一點才會發生，也許是你父母的年紀吧。

而且你不會上癮，對吧？嗯，事實上，如果沒有等個幾年再抽菸，而是現在就開始，你很有可能會上癮。以實驗中的大鼠來說，青春期大鼠對尼古丁上癮的機率是成年大鼠的兩倍。也有證據顯示，如果你的成癮狀況很早就開始，以後會變得更嚴重，你會發現很難戒掉。可惜青少年的特殊大腦需要好好保護，也要遠離香菸。

「救命！喝酒、吸毒、抽菸我全都沒做。我一定是很無聊的人！」

其實呢，大多數青少年都沒做這件事。這真是非常正面的訊息。雖然青少年做這些危險的事令人非常擔心，不過我們應該要深受以下事實的鼓舞：在很多國家，青少年抽菸吸進尼古丁、飲酒、喝醉和使用特定毒品的機率逐漸降低。（不過有些族群使用其他毒品的狀況增加了，令人憂心。）在一些群體裡，性行為逐漸增加；如果造成這種現象的來源是酒精、網路色情影片，或者你身處的團體以不正當的壓力迫使你做出一些特殊行為，又特別令人擔心。不過呢，你選

擇不要參與這些特殊行為，並不會讓你變成無聊的人，而是讓你變得堅強、謹慎、專注和自制。

你會有一顆很棒的大腦和一段精采的人生。選擇好好呵護它們吧。

> 在二〇一八年的英國，十一到十五歲的青少年只有6％的人會每週至少喝一次酒（從二〇〇三年的20％下降到這樣），因此有94％的人沒有這樣喝酒。50

冒險行為的重點並不是表現得很勇敢，重點在於判斷力和做決定。聰明睿智的人在採取行動之前，會先評估可能的結果，設想最後的愉悅或成功是否值得經歷過程中的痛苦或風險。有時候不值得，因此有時候不應該採取冒險行為。你可能會覺得自己是無聊的人，因為你沒有像朋友一樣，做一些惹上麻煩的事。不過還有很多其他的方法能夠展現活力、英勇和成功。

有時候要對某件事說「不」，其實也同樣冒險和困難，需要同樣多的勇氣，也要冒著在團體內失去立足之地、被排擠在某種活動之外的風險。如果你都不做這類事情，也許是因為你很早就變得成熟，大腦的額葉皮質特別聰明，已經能做出這麼多正確的決定。你只是逃過了你的朋友所經歷的實驗階段，你的成長速度比較快。

「嘿！這所有的事情我都做過。我好酷！」

就像我們之前討論過的，對你的學習來說，有些風險是必須的（而且以演化來說，這對人類是很重要的），也為生活增添一點趣味。為了證明你做的一些蠢事是有道理的，你可能會對自己編出一大堆理由：

- 其他人全都這樣做。
- 我的青春只有一次。
- （死亡／遭到逮捕／成癮）絕對不會發生在我身上。
- 很多成年人都抽菸／喝醉／嗑藥／開快車。
- 感覺真是棒極了。

這些理由全都非常充分，而且再自然不過了。然而在某些時刻，常識必須進來參一腳。在某些時刻，你必須掌控自己的人生，好好認清從事一些行為會產生的結果。剛開始，結果可能會讓你感到很愉快，但聰明的人同時會考慮接下來的其他後果。

如何幫助你那顆愛冒險的青少年大腦？

- 做一些選擇。是真正的選擇，而不是你的朋友，或大腦掌管情緒的部分促使你去做的事。你可以把自己的多巴胺鎖定在很多令人興奮的事，像是運動、雲霄飛車、

玩滑板、開卡丁車、跳彈翻床等等，全都會帶給你同樣的刺激感。

● 選擇一些沒有風險的挑戰，不過得到的成功是非常正面的，例如參加戲劇演出的試鏡、參與校隊的選拔活動、準備發表會的內容、申請很競爭的課程等等。對你的大腦來說，這樣所冒的風險與實際的冒險其實是很像的，可以讓你得到多巴胺帶來的愉悅和腎上腺素帶來的衝勁。大膽一試吧！

● 如果你非得惹上麻煩，那就以不會傷害自己未來、健康或他人的方式去做。否則，你會活在後悔之中──如果你運氣夠好，還有機會後悔的話。

● 你快要十七歲了嗎？大約十七歲左右，做出明智決定的能力似乎大有進步。你已經存活了這麼久──幾乎快要脫離險境了。幹得好！

充滿風險的幾項事實

● 酒精會增加大腦的多巴胺濃度，讓喝酒的人更想追求愉悅、甘冒風險。

● 壓力也會影響多巴胺的濃度，讓你做出更多的冒險行為。

- 食物、酒類、毒品和性行為都會增加多巴胺的濃度：這些全是人類尋求愉悅的事。食物和性行為對人類的生存是很重要的，酒類和毒品則否。

- 同儕的壓力和群體的舉止都影響青少年的冒險行為。二〇一七年進行的「美國國家犯罪被害調查」（US National Crime Victimization Survey）顯示，將近40%的犯罪，是由十二到二十歲的年輕人以兩人或多人的結夥方式所犯下。三十歲以上的數字是大約5%。[51]

以下有許多良好的資料來源與事證（編按：補充台灣讀者適用資訊）：

關於酒類：
- 英國對於十八歲以下青少年買酒和飲酒的相關法律：https://www.drinkaware.co.uk/facts/information-about-alcohol/alcohol-and-the-law/the-law-on-alcohol-and-under-18s/#/overview
- 英國「酒類教育信託」網站收集一些年輕人飲酒的相關事實和數據：https://alcoholeducationtrust.org/teacher-area/facts-figures/
- 臺灣國立陽明交通大學「兒童酒精相關經驗追蹤計

畫」：https://arec.lab.nycu.edu.tw/index.php?page=intro

關於毒品：

- 英國政府設立的反毒品諮詢機構「FRANK」網站：
  https://talktofrank.com/
- 臺灣法務部設立的反毒品資源網站「反毒大本營」：
  https://antidrug.moj.gov.tw/mp-4.html

關於合意性行為：

- 美國「健康線上」（Healthline）媒體製作了「合意性行為」的相關資訊網頁，參見：https://www.healthline.com/health/guide-to-consent#what-is-consent

關於身體形象：

- 我寫的書《我的身材就是最棒的身材：正面身體形象的青少年入門書》（*Body Brilliant: A Teenage Guide to a Positive Body Image*）

幫自己測驗看看！

你的冒險性格有多強大？

這裡有個簡短的測驗，可以評估你想要冒險和尋求刺激的欲望。

閱讀兩兩成對的敘述，針對每一個題目圈選**A**或**B**，主要看哪個敘述比較符合你的想法或感受。如果兩個敘述都不同意，那麼就選出你最不排斥的那一個。重要的是，每一個題目都要作答。你一定要誠實面對自己的感受，重點不是做正確或錯誤的決定，而是你要做出真實的決定。

1 **A** 我喜歡瘋狂且無拘無束的派對。

  B 我比較喜歡能夠好好談話的安靜派對。

2 **A** 我不喜歡有人做事或說話只是為了驚嚇或擾亂別人。

  B 如果你幾乎可以預測一個人會做什麼或說什麼，那個人一定很無趣。

3 **A** 我通常不喜歡看可以事先猜到劇情發展的電影。

  B 我不介意看可以事先猜到劇情發展的電影。

4 **A** 我不喜歡嘗試毒品，因為可能在我身上造成奇怪或危險的效果。

B 總有一天我會想嘗試一些造成幻覺的毒品。

5 **A** 明理的人會避開危險的活動。

B 我有時候想做些有點嚇人的事。

6 **A** 我喜歡嘗試以前沒吃過的新奇食物。

B 我喜歡吃同樣的食物，這樣才不會失望。

7 **A** 我很樂意嘗試滑水運動。

B 我不想嘗試滑水運動。

8 **A** 我比較喜歡跟普通人交朋友。

B 我比較喜歡在一些「新潮」的團體裡交朋友，像是藝術家，或者穿著打扮很特別的人。

9 **A** 我比較喜歡待在水面，不喜歡水深的地方。

B 我很樂意去潛水。

10 **A** 我很樂意嘗試跳傘。

B 我絕對不會想從一架飛機跳出去，無論有沒有降落傘都一樣。

11 **A** 我對於「只是為了體驗而體驗」沒有興趣。

B 我喜歡令人興奮的新鮮經驗和感覺，即使有點嚇人、奇特或違法也沒關係。

12 **A** 對我來說，一件好的藝術品一定是均衡且明亮，各種色彩必定搭配得很好。

B 我常常很喜歡撞色或形狀不規則的現代藝術品。

13 **A** 我很樂於在住家附近熟悉的地方消磨時間。

B 如果一定得在家裡待上很長的時間，我會坐立難安，覺得非常無聊。

14 **A** 我喜歡我的男朋友／女朋友能讓我的身體感到興奮。

B 我喜歡我的男朋友／女朋友和我具有共同的價值觀和興趣。

15 **A** 與朋友相處時，最糟糕的蠢事是表現得很粗魯。

B 與朋友相處時，最糟糕的蠢事是表現得很無聊。

16 **A** 一個人在結婚前應該要有很多性經驗。

B 兩個人結婚，如果在性經驗方面彼此都是第一次會比較好。

17 A 我喜歡個性犀利和機智的人，即使有時候會羞辱別人也沒關係。

B 我不喜歡以剝削別人感情為樂的人。

18 A 電影裡面對於性行為的描繪實在太多了。

B 我很喜歡看電影裡很多「火辣性感」的場面。

19 A 大家應該要根據標準的審美觀、整潔度和時尚感來穿衣打扮。

B 大家應該要以個人的風格來穿衣打扮，就算有時候給人奇怪的印象也沒關係。

20 A 沿著山坡滑雪而下，很容易到最後要拄著柺杖。

B 我想我會很享受從陡峭的山坡高速滑雪而下的感覺。

測驗結果

這項測驗不只分析一種冒險形式，實際上測驗了四種形式。以下逐一說明。

尋求刺激和冒險：

這一點衡量的是，你有多熱中於從事可能具有身體危險的活動，像是登山。如果這方面分數很高，表示你很享受那些大家通常認為冒險或危險的事。

5B、7A、9B、10A、20B 這幾項，每選一項就在「尋求刺激和冒險」方面得 1 分。總分 5 分，你得_____分。

渴求經驗：

這一點衡量的是，你有多麼熱中於體驗新鮮事物，以及想要與眾不同，可能選擇遵循與他人不同的規則。如果這方面分數很高，表示你很熱中於新鮮的經驗，即使有點風險也沒關係，但不必然是身體方面的危險體驗。

4B、6A、8B、12B、19B 這幾項，每選一項就在「渴求經驗」方面得 1 分。總分 5 分，你得_____分。

去除抑制：

這一點衡量的是，在一些社交狀況下，例如參加派對，你覺得不必壓抑的重要性有多大。所謂的「壓抑」，指的是內心有某種力量阻止你去做一些可能很好玩的事，因為你認為那樣是錯的，或者覺得太危險。若在這方面分數很高，表示你喜歡在社交狀況中解放你的抑制力，也許你喜歡「放縱自我」。

1A、11B、14A、16A、18B 這幾項，每選一項就在「去除抑制」方面得 1 分。總分 5 分，你得_____分。

對無聊的感受性：

這一點衡量的是，面對重複的經驗或行為可預測的一些人，你覺得很無聊的機會有多高。若在這方面分數很高，表

示你很容易覺得無聊。

2B、3A、13B、15B、17A這幾項，每選一項就在「對無聊的感受性」方面得1分。總分5分，你得_____分。

你也可以把所有得分加總在一起，這樣可以大致了解自己對風險接受程度的整體情況，以及你與朋友比較起來又是如何。

致謝：這個測驗出自「尋求刺激量表」（Sensation Seeking Scale, SSS-V），源自於美國德拉瓦大學的祖克曼博士（Dr. Marvin Zuckerman）。他最初發展的測驗有40個問題。此處取得他的慷慨允許，經過重新製作並減少題目。我稍微調整其中一些問題的用詞，以便適合青少年。

第 5 章

女孩、男孩之身體、大腦與行為的差異

「重點不是尺寸，是看你怎麼用啦！」

來認識這群十五歲的人。這是耶誕節假期結束後，
上學的第一天，所以有很多事情可以聊。
還有一名新來的女同學……

「嗨，桑傑伊！」

「嗨，強尼！」桑傑伊用力拍強尼的背，再把他的書包上下顛倒拎起來。強尼連忙撲過去，及時抓住書包，沒讓裡面的東西全部掉出來，同時以熟練的動作伸出一隻腳踹向桑傑伊。只見桑傑伊突然往旁邊一閃，跳到一張椅子上。

「嗨，桑傑伊！」另一個人喊道。

教室的一側有一群女生。其中一人坐在另一名女生的大腿上，她正在幫那個女生塗脣膏。她們挨坐在一起，不時觸摸彼此。

還有其他學生三三兩兩坐著。他們避開小團體的喧鬧聲，寧可滑自己的手機或輕聲聊天。他們有些人的穿著似乎想要挑戰學校的制服政策，像是佩戴首飾、化妝或調整髮

型。有些人照著一般的青少年流行的風格打扮，其他人則不然。

教室門突然打開，只見萊洛伊衝進來。「你們一定要看看這個！」他大叫，指著背後，臉上露出誇張的驚嚇表情。大部分同學都轉頭看著教室門。

湯米神氣活現地走進來，準備迎接大家的讚美。他的髮型絕對會讓他惹上麻煩——鮮豔的橘色挑染，表示校長不可能沒注意到。不過呢，為了吸引同學的注意，惹上麻煩只是需要付出的小小代價。湯米身材高大，放假的時候練出一身肌肉，讓他得意極了。

男同學的喧鬧聲非常誇張。女同學伸手摀住嘴，不過隨即轉過身，一副覺得很無聊的樣子，或至少沒打算讓湯米得到他很渴望、且經常得到的注意力。

男同學圍繞在湯米身邊，把他拉到教室裡男生坐的那一側。湯米接受大家的簇擁，昂首闊步的樣子很像一隻孔雀。

教室門又打開了。「哇！卡洛琳！」有個女生大叫，大多數的男生聞言立刻轉身，包括湯米。卡洛琳的旁邊有個大家都沒見過的女生。高個子，金色長髮，臉龐光滑無瑕，外加逆天長腿。

所有人都看著她。卡洛琳帶她去女同學那邊。

「嗨，各位同學，這位是莎夏。莎夏，這是雀莉、拉拉、愛莎、喬琪，那位穿耳洞的是莎拉，老師規定她要弄掉。噢，那邊的顯然是男生。各位男同學，向莎夏打個招呼吧。」

「哈囉，莎夏。」他們異口同聲說道，有些人的聲音突然變得很高亢。所有人都想多說些什麼，但似乎說不出口。桑傑伊反倒拿出手機，強尼則是開始翻找自己的書包。眾人一陣推擠，顯得有些混亂。

最後，湯米終於開口了。「嗨，莎夏。」

莎夏面無表情地瞥了他一眼。她以從容慎重的態度伸手到書包裡，動作很流暢，有效率，也放鬆。她沒有扭捏作態，不過知道所有人都看著她。過了一會兒，她拿出一件物品，放在自己的掌心。那是個櫻桃色的方塊，邊長不到十公分，有兩個藍色的東西很像眼睛。她按下一個按鈕。

莎夏轉身看著湯米。「你叫什麼名字？」男生之間出現一陣騷動。

「湯米。」湯米啞著嗓子說。他是不是開始臉紅了？

莎夏回頭看著方塊，拿著它指向湯米。「奧伯龍，這位是湯米。」

「哈囉，湯米。」方塊說道，它的眼睛顯然盯著湯米。

「奧伯龍，你能不能告訴我們，湯米的腦子有多大？」

過了一會兒，它說：「我沒有那項資訊。腦子的尺寸無關緊要，重要的是你拿它來做什麼。」男生那邊傳來爆笑聲。沒必要笑得那麼大聲吧。

「奧伯龍，謝謝你。」莎夏上下打量著湯米。

他猶豫著該說什麼話。「很酷的耶誕節禮物。只是太粉了，對我來說。」

「其實呢，這是我做的。耶誕假期的作品。可能是你去

找美髮師的時候做的吧。」教室裡響起一陣嘰喳交談聲，還有倒吸一口氣的聲音。有個男生說：「哇！」

莎夏繼續說：「總之，髮型很酷哦，但是對我來說，太橘了。你是打算漂白頭髮嗎？像你這樣的深髮色，染劑裡面加的雙氧水不夠多吧？不過你如果要的話，可以用藍色的調色劑去修正。互補色可以抵消。」

她走向女生那邊，大家圍繞著她。她們想要跟這樣的女生交朋友。但面對事實吧，她們其實想要當這樣的女生。湯米拚命假裝自己沒有很洩氣。

強尼在他的肩膀上猛捶一拳。「湯米，尺寸不是重點，重要的是看你怎麼用啦！」他們全部笑成一團，直到老師走進來。

這些年輕人的大腦發生什麼事？

長久以來，科學家一直爭論，男性和女性的大腦與行為是否具有典型的差異。如果有差異，那些差異究竟是完全或主要來自生物特質，還是來自環境因素。這就是「先天與後天」的辯論。

我們都知道，從出生的那一刻起，我們所處的環境和經歷的一切，無論事情的大小，都會對我們的大腦帶來實質性的改變，進而影響我們的行為。不過，這能夠解釋男性化和女性化行為之間似乎存在的差異嗎？還是說，有些差異仍然源自於我們的生物特質，包括大腦、身體，以及從出生前到整個人生沉浸其中的各種激素，包括青春期所發生的激素變化？

請注意，大家說到「大腦的差異」時，有時是指實質可見的差異，有時是指大腦運作方式的差異。這是兩回事。

對於男性和女性的大腦之間，或者先天與後天影響的相對強度，是否存在著可具體測量的顯著差異，科學家還沒有達成共識。有些人強烈主張，自從出生開始就可以在實驗室測量和檢驗出有趣的差異，也可以用功能性磁振造影在各年齡層的一般男性和女性身上看到，顯示「先天」或「生物特質」在所有男女大腦的差異上扮演一角。其他人則說，所有的差異都遭到誇大或錯誤的詮釋，或者只是因為女孩和男孩在成長過程中經常受到不同的對待才會產生差異，代表著

「後天」或「經驗」要對所有的男女大腦差異負起全部或幾乎全部的責任。

二十世紀的大半時間，大部分專家都相信，所有的男女大腦差異主要是由後天、社會環境和經驗所造成，基本上小男嬰和小女嬰的大腦是一樣的。不過有個問題：早期的大腦研究會為患者帶來一些風險，所以這樣的檢測只能等到病人因為疾病需要檢測才能進行。到了二十世紀末，功能性磁振造影技術出現，表示科學家可以掃描健康的大腦，而他們也看出一些差異，認為沒辦法完全用我們生活中發生的事情來解釋。例如我們如何穿著打扮、有沒有人讓我們玩洋娃娃或玩具卡車、我們做了什麼樣的行為會獲得讚美或鼓勵等等。

為了寫這本書的新版本而讀了更多研究之後，我相信「先天」和「後天」透過很複雜的方式交織在一起，很難說哪方面的效應比較大。不過我認為兩方面都有影響力。從我們出生之後，發生在身上的每一件事，都對我們的各種行為和能力發揮很大的影響力。不過生物特質的影響力也很大，例如我們無法忽略基因和激素扮演的角色；激素的作用在男性和女性之間是不同的，在每個人之間也都不相同。

我為這本書的新版本做了兩件事。第一，我閱讀了最新的科學研究，想要釐清大家意見不同的地方在哪裡。要閱讀好多爭論雙方的研究，甚至隨著時間而不斷改變，因此除了可以從這本書的一些參考資料作為出發點，你也可以去我的網站看一看，在「Blame My Brain」的頁面找到更多資料，也可以用網路搜尋學術研究文章。我推薦你試著閱讀爭論雙

方科學家的研究，而不只是看看標題。

第二，我訪談了很多學生和教師，收集他們的生活經驗。學生和教師顯然看出女生和男生之間有一些典型的行為是不一樣的。因此，如果有些科學家不相信有這樣的差異，但教師（沒有人比他們認識更多青少年）體驗到，也見識到這樣的差異，那就值得好好考慮。

性或性別？

這真的是非常重要的主題，而且不是每個人都同意該用什麼方法討論這個主題。你可能也想知道，跨性別者在這個討論中扮演什麼角色。答案是：閱讀本書的每個人都可以自行判斷哪些內容適用於自己，哪些則不適用。

有些人（包括我）認為的一種區分法是這樣的：性（sex）描述的是生物方面的特質，即性徵和生殖系統，包括激素，這些特質基本上讓一個人成長為男性或女性。而性別（gender）描述的是你的認同，你認為自己是男性或女性，或者如果你不符合這種「二分法」，你自認位於兩性之間的哪個位置。有些人具有男性（或女性）的性徵，但不認同自己是男性（或女性）。如果你是這種情況，我建議你去找一些能夠信任的成年人，討論自己的感受。

有些人是雙性人（從他們出生時的身體特徵，很難分辨或不可能分辨是男性或女性），長大後有可能認同自己是任何一種性別。

這就表示，你有可能發現自己很難認同，這本書裡關於「男性腦」或「女性腦」或行為方面的說法。或者你也可能發現，深入了解很多人的感受真的是十分有趣的事。有些人對這個世界的體驗可能像你一樣，另一些人則不一樣。我希望你讀這一章的時候，不要用批判或分類貼標籤的眼光去看，你可以決定哪些部分適用於你，哪些部分不適用。如果似乎有一些規則或期待，提到男性或女性「應該」有什麼樣的行為，你不一定要遵守。

　　這本書試著將焦點放在影響人類大腦和行為的生物特質，而不是告訴你應該要怎麼做，成為什麼樣的人。我提到「男性」或「女性」時，我指的是與生理性別相關的典型特徵或行為，而非性別認同，雖然兩者經常是一致的。

先提醒所謂的 「一般狀況」

　　永遠記住，關於男性腦和女性腦的陳述都是指一般的狀況，是典型、普遍的行為或發現。意思是說，並不是每一個男性腦或每一個女性腦都有獨特的運作方式，而是有很大的部分是彼此重疊的。無論你是誰，你都是許多基因、激素、感受和經驗的獨特綜合體。

　　同時也請注意，科學家所發現和談論的那些大腦差異，通常都是非常微小的差異。有些人會說，那些差異太小了，實在沒什麼意思。不過那些小小的差異會在行為或功能方面導致較大的差異，而我們還不了解其中的運作方式。舉例來

說，愛因斯坦的大腦與其他人相較，大小或外觀似乎沒有很顯著的差異（雖然不是非常確定），但他能夠做的事情，絕對與大多數的人很不一樣。

最後，有些科學家認為，就連說「男性腦」或「女性腦」也有誤導之嫌，因為每個人之間有相當程度的差異。我剛好認為這一點值得討論，畢竟我們也體認到每一個人都有各自的能力。這並不是說某一個人的大腦比別人更有價值，重點是看你怎麼用自己的大腦！

所謂的「神經科學性別歧視」

神經科學性別歧視（neurosexism）這個說法是由加拿大心理學家科迪莉亞・法恩（Cordelia Fine）提出的，她是《性別錯覺》（*Delusions of Gender*）這本書的作者。法恩指出，女性腦／男性腦差異的科學證據非常薄弱又混亂，相關研究是受到「神經科學性別歧視」的驅使。神經科學性別歧視是一種心態，相信女性的大腦天生比較不擅長一些特定的技能（舉例來說，那些技能多半與經營公司、擔任工程師之類有關），而比較擅長其他一些技能（像是教養和育兒）。具有神經科學性別歧視心態的人相信，女性傾向於選擇照顧的角色，例如教養和育兒，因為女性大腦的生物特質讓她們比較擅長這些事。

緊守著「女生就是比較擅長做A、B和C，而男生就是比較擅長X、Y和Z」這種固定不變的心態，我同意這樣沒

141

有好處，也是錯誤的。第一，這種心態沒有體認到每個人之間的巨大差異。第二，這種心態沒有體認到的是，我們可以透過練習而增進所有的能力。第三，這種心態沒有考慮到的是，如果採用比較有彈性的教導方法，男性或女性有可能每一件事都做得一樣好。最後，這種心態很明顯沒有考慮到的是，男女呈現出來的差異可能是由社會環境、家庭教養和學校教育所產生，並不是來自既有的生物特質。

另一方面，如果真的存在典型的生物特質差異，我們確實會想要好好了解，才能夠確切指出如何讓每一個人都有公平競爭的環境。因此，讓我們保持開放的心態吧。請記住，這一章雖然嘗試探討所有生物方面的性別差異，但這並不是要規定你應該有什麼樣的行為。無論你是什麼性別，都可以選擇自己的人生道路，精通於你專心做的每一件事。

科學家在大腦和行為找到什麼樣的性別差異？

請記住，以下的每一個例子不只是一般的狀況，也不是所有的研究結果都一致，而且測量出來的差異往往非常微小。這些例子是一些可能性，但世人普遍都相信就是了。這些情形可能真的源自生物特質，也可能是由環境塑造的結果，或者可能在統計上並不明顯。

執迷於細節和系統：西蒙‧拜倫—科恩在他的精采著作《男女大腦的基本差異》（*The Essential Difference*）書裡，談到

典型男性的「系統腦」，也提到一般來說，男性對於表格、統計數字和系統如何運作，會比典型的女性更有興趣。

拜倫—科恩是研究「自閉症類群障礙」（autistic spectrum disorders）的重要專家，典型的自閉症行為有一個面向就是熱愛細節、表格、統計數字和事實。他談到自閉症是男性腦的一組極端行為。這是「極端男性腦」（extreme male brain）理論的一部分，雖然經常引發爭議，不過也有一些證據提供支持，例如二〇一八年有一項超大規模的研究（包含七十萬人）。[52]

診斷出自閉症的男性[53]通常比女性多，但也可能是因為女性的自閉症基本上稍有不同，比較容易被忽略。此外，隨著新的研究逐漸發現：極端男性大腦理論不再那麼明確，這些見解也導致更多女性被診斷出自閉症，且通常是在生命的較晚期。同時，如果自閉症女性表現出不同的典型，這一點就支持男性和女性的腦部有一些差異（但未獲得證實）。

不過呢，男孩和男人跟女性比起來，真的通常對表格和系統的事物比較有興趣嗎？我訪談過的教師和學生並沒有非常確定。會不會父母經常提供事實和系統性的玩具與活動給男孩，是因為「期待」他們對這方面比較有興趣？你只要去玩具店看看就知道，店裡的指標如何把女孩或男孩分別引導去特定的玩具區。如果我們一直聽說「男生比較擅長科學、技術、工程和數學等科目」，或甚至是「男生比較喜歡科技工程數學等科目」，你就能理解，有些成年人怎麼會一直買相關的玩具給男生玩。如果很多男生比女生拿到更多這類玩

具，他們會因此比較擅長這些方面，也對這類活動比較有自信。每一次有人稱讚男生很會蓋房子，也稱讚女生很體貼又有愛心，就會一直強化這種差異。

社交能力和連結：我訪談的學生和教師一致同意，女生似乎彼此之間發生較多的接觸，包括打扮方面，以及藉由讚美來建立和鞏固友誼。男生比較常打鬧，彼此的接觸多少帶有侵略性（無論是假裝或真的打起來），比較少用情感方面的語言彼此支持。這樣的差異有可能來自別人的鼓勵或批評。

同理心：拜倫一科恩談到一般女性的「同理腦」，會讓你設想別人的處境、了解別人的感受。一般來說女性的這種能力似乎比較好[54]，這一點比較符合那些列出兩性之間可能存在哪些差異的清單內容。這並不表示每一位女性都比每一位男性更有同理心，只是以統計上來說，她們比較可能在類似本書第2章「能夠看出別人臉上的情緒嗎？」的測驗裡得到高分。同樣的，很多女性在這方面的能力比較好，可能是因為她們獲得讚美，有機會練習這項能力。

　　有些小型研究曾顯示，讓女性服用睪固酮，會降低她們在同理心方面的得分。[55]（睪固酮是一種性激素，濃度通常在男性體內高很多。）不過這可能效果不是很顯著，因為如果讓男性服用額外的睪固酮，也不會讓他們的同理心出現差異。

在內心描繪地圖：曾經有很多研究是觀察男性和女性試著找路時，他們的大腦是否有不同的運作方式。[56]要描述或記住如何到達特定地點時，一般認為女性的大腦會記住地標和路線描述，男性的大腦則比較會在內心建構出一張地圖，為別人指示方向時包括距離和向左向右之類的指示。一般來說，男性也比較善於估計時間和距離，以及「心像旋轉」（mental rotation），也就是從不同的角度觀看物體的外形。

再重複一次，男生具有這些能力，很可能只是因為小時候得到相關的玩具，練習得比較多所致。

口頭表達能力：男孩和男人通常比較不擅長用言詞來表達想法、為自己辯駁，學習語言也比較常出現問題。[57]女孩和女人運用的詞彙往往比較廣泛，說話比較清晰，也能運用比較複雜的文法。男孩和男人比較容易出現說話結巴、舌頭打結和其他語言方面的問題，包括閱讀障礙。

曾經有很多人提出，我們使用語言時，女性和男性使用的是不同的腦區。過去曾發現女性比較平均使用兩邊大腦半球，男性則傾向於使用左半球。這點也許是真的，但二〇一八年一項對大量研究的綜述指出[58]，雖然似乎存在這樣的差異，但不能解釋為何男性有建構內心地圖、女性有語言能力的優勢。

而且請記得，如果男性和女性真的有差異，完全有可能是自從出生之後，成年人就經常以不同的方式對待男孩和女孩，因而產生上述所有能力的差異，或至少增加差異。

以下是很多研究人員確認過的一些差異。

男性的一般狀況

- 說話比較容易結巴，也比較常遲疑。
- 比較有可能出現閱讀障礙。
- 比較有可能診斷出自閉症類群障礙。
- 比較有可能成為凶手：男性殺死男性，比女性殺死女性的案例多了 30 到 40 倍。
- 比較擅長判斷空間狀況，像是投擲和瞄準的時候。
- 比較善於察覺微小的動靜。
- 有憂鬱情況時，比較不會嘗試尋求治療，而更常死於自殺。
- 有憂鬱症狀時，比較會顯現出憤怒的情緒。
- 比較有可能出現妥瑞氏症候群、帕金森氏症、思覺失調症和注意力缺失與過動症。

女性的一般狀況

- 比較早達到每一個發育過程的階段目標。
- 使用比較多的文字、比較長的句子和比較複雜的文法。
- 比較擅長注意到模式、圖片或顏色的微小差異。

- 運用地標來導引方向，而不是在內心建構出地圖。
- 比較不容易從事冒險行為。
- 比較容易出現憂鬱狀況和自殺企圖。
- 比較常出現偏頭痛、多發性硬化症和阿茲海默症。

大腦面臨的問題或挑戰

男性比較容易出現自閉症、閱讀障礙、語言困難、色盲、思覺失調症、注意力缺失與過動症、妥瑞氏症和帕金森氏症。此外，他們被發現比較不容易從腦部損傷中復原，像是中風。

女性比較容易出現偏頭痛、多發性硬化症和阿茲海默症。（不過最後一項基本上是一種老化疾病，而女性的平均壽命比較長，因此她們得到阿茲海默症的機會比較高。）另一方面，到了老年期，女性保留的記憶往往比男性好得多，不過更年期有時候也會對女性產生負面的影響。

男性與女性的青春期大腦

研究人員察覺到青少女和青少男的大腦有以下差異：

- 青少男的杏仁核成長得比較快。
- 青少女的海馬迴成長得比較快。
- 男孩的小腦比女孩大了14%。
- 女孩的基底核比較大。
- 整體而言，女孩比男孩早一點完成每個發育階段。

男性與女性青少年大腦的差異

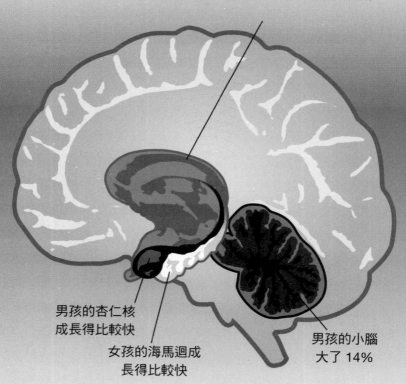

基底核是由這裡面好幾個構造所組成

男孩的杏仁核
成長得比較快

女孩的海馬迴成
長得比較快

男孩的小腦
大了 14%

所以呢？嗯，也許沒什麼啦。不過你也許會注意到，杏仁核主要負責一觸即發的原始情緒（primary emotion），像是憤怒；海馬迴對於記憶方面的相關事情是很重要的；小腦對於身體的協調感超級重要；而基底核協助額葉皮質適當運作（妥瑞氏症、注意力缺失與過動症患者的基底核比正常值小很多）。

性激素

激素是我們體內的一組化學物質。很多激素是在大腦裡面製造出來，影響我們生活的許多方面，包括我們如何感受，以及是否發育出男性或女性的性徵。在性別差異中，激素扮演著非常重要的關鍵角色，從每個人還在子宮內就開始了。

一個精子讓一顆卵子受精後，胚胎剛開始發育時永遠是女性。到了第六或第七週期間，激素啟動了，若不是把胚胎轉變成男性，就是繼續維持女性。男孩，很久很久以前你曾是女性哦！

主要的性激素是睪固酮（主要在男性體內）和雌激素（主要在女性體內）。男性有少量的女性激素，反之亦然。而且男性和女性的個體之間也有很多差異。

激素不只影響你有什麼樣的感受，也對你的大腦實體產生影響。一般認為，我們觀察到大腦有性別之間的差異，背後就是激素的作用。

在我們一生之中，激素的濃度是會改變的。激素在青春期非常活躍，因此在這段期間，男性和女性之間的差異變得比較明顯。激素也會根據季節而改變，女性還有月經週期的激素變化。

雌激素：雌激素有一個效應是激發多巴胺。多巴胺可讓世界變得比較夢幻、比較明亮；不過也可讓世界似乎比較黑暗、比較悲傷。多巴胺會讓心情起伏擺盪。然而重點是要知道，並不是所有的女性都會心情起伏，也不是所有的心情起伏都與性激素有關。男性的心情也會起起伏伏。

睪固酮：睪固酮濃度上升會引發比較好鬥的行為。很多研究已顯示，劇烈運動期間或之後，睪固酮會增加，[59]尤其如果你是勝利的一方（或者如果你只是身為觀眾，支持勝利的一方）。想像一隻大猩猩捶打自己的胸膛，那就是一種好鬥的表現，顯示「瞧，我多麼強壯又優秀」。男性分泌了大量的睪固酮就會這樣。

一般也相信，睪固酮（男性和女性體內都有）是產生青春痘的主因，而你的激素濃度在青春期所發生的巨大變化，也能解釋青少年為何比其他年齡層更常受到青春痘所苦。如果你就是這樣，趕快去看醫生吧，他們可以開立處方，提供很好的治療方法。不是醫師開立的處方千萬不要冒險嘗試，不是合格的藥師所提供的藥物也一樣，那些方法可能產生嚴重的副作用，干擾其他藥物或身體狀況。即使是醫生為你開

的處方，也可能會產生嚴重的副作用，應該及時向醫生說明。有些抗青春痘的藥物被發現可能與自殺的念頭、行為有關係。

男性和女性的大腦為何會不一樣？

理論 1：與演化和生物特質有關

我們得再次回頭去看早期人類的生活型態。不同的性別角色源自於一個不可避免的事實：即女性生小孩，男性沒有。在早期人類的狩獵—採集社會裡，以下的分工運作得比較好：男性去獵捕野生動物，女性則在住家附近採集莓果、水果和其他植物，並照顧她們生下和餵養的嬰兒。（請注意，有證據顯示這些性別角色有時會變動。）

男性需要力氣、長距離移動和找路回家的能力，也要有能力準確投擲武器，並判斷動物的奔跑速度。女性要能判斷相似植物之間的差異，記住哪些植物有毒；她們養育孩子，教導孩子學習各種技能；她們必須組成緊密的社會團體一起工作，合作養育下一代，她們需要彼此一起進步。此外，男性需要互相競爭追求女性，而非合作。因為一位男性若能與好幾位女性配對，他比較能把自己的基因傳遞給下一代。而一位女性只能生下少數幾個孩子，因此需要對交配的對象非

151

常挑剔。女性生下小孩要消耗很多能量（有些事情從古至今沒有改變），男性則不必，因此女性的損耗比較大，也就需要更加小心選擇伴侶。

我們今天看到男性和女性的能力有許多差異，全都可以跟上述的一切找到關聯。這裡要提出的看法是：男性和女性的大腦已經有不一樣的演化，因為各有不同的角色和需求。後來又演化了這麼久，我們到今天還是能看見那些差異。

我和我先生去超市時，我們有很多行為居然與那些狩獵—採集時代的人類祖先有驚人的相似之處：他衝到超市的另一端，得意洋洋地拿著一個東西跑回來，然後又衝出去尋找另一個東西。我則是走過一條又一條走道，仔細收集我們需要的所有物品。如果你讓我們各自去購物，他會在手推車裡胡亂塞滿可能很好吃的食物（即使很貴），而我的手推車裡會放真正需要的所有無聊東西。我們的穿著打扮遠比狩獵—採集時代的人類祖先體面多了，我先生也沒有拿著長矛去戳巧克力餅乾，但在其他方面，這十萬年間幾乎沒有什麼改變。

理論 2：與環境有關

這是「先天／後天」爭論中的「後天」理論。從出生的第一天開始，我們經常用不一樣的態度對待男孩和女孩，這點毫無疑問。因此，如果男孩和女孩經常被接觸到的人，包括父母、親戚、陌生人、教師，甚至他們認識的其他孩子，以不同的方式對待，那麼典型的男性與女性行為最終變得不

同也就不足為奇了。而且大家都知道，發生在我們身上的每一件事，都會使我們的大腦產生些許改變。

此外，大家往往遵循自己所在團體或身邊人們的做法。最熟悉的例子是女孩／男孩的物品，遵循「粉色／藍色」的刻板模式，從衣物到玩具皆如此。沒有任何生物學的證據能夠說明女生會喜歡粉紅色、男生喜歡藍色，這完全是由社會、廣告商和市場所強加的印象。然而，年輕女孩確實經常選擇粉紅色衣物、男孩經常選擇藍色，這全是因為他們的潛意識努力要符合人們對性別的既定印象。就一種層面來說，他們需要符合印象，才不會遭到恥笑或排擠；就另一種層面來說，這樣會自覺是團體的一分子。

此外，這不只是粉色和藍色這類微不足道的事而已，它還不可避免地涉及行為模式。所以，如同在本章開頭描述的場景中，女孩通常會模仿其他女孩的行為舉止，男孩也會模仿其他男孩，因此建立起性別的行為模式。我們可以努力消除行為方面的這些性別差異，但這並不容易哦！

理論 3：與生殖力有關

男性和女性還有另一個有趣的差異：青春期的女孩在還沒發育出完整的生育能力之前，就會開始看起來像成年女性。但青春期男孩發育出完整的生育力時，看起來還離成年男性很遠。（「完整的生育力」指的是一種生物狀態，表示有最高的懷孕機會或完成健康的孕期。）

女性直到十九歲才有完整的生育力（雖然她們在更年輕

的時候就能懷孕），但通常在此之前就發育出成年女性的體態。同時，男性在年紀更小的時候就已經有完整的生育能力，但要等到年紀再大一些才生長出健壯的肌肉和骨骼；至少直到十八歲之前，他們看起來還很像小男孩。

為什麼演化會如此安排？在早期的人類文化中，成年男性和女性會把具有完整生育力的同性青少年視為威脅。如果成年男性和女性感受到威脅，就不會花時間教導和支持青少年，而是比較有可能打鬥和殺了他們（男性的情況），或者排斥、壓迫她們（女性的情況）。很多哺乳類群體都有這種現象，但這點對於其他動物不是很重要，因為牠們的青春期很短，不需要學習那麼多生存方法。

因此，理論上認為：早期人類的女孩看起來像女人，卻沒有讓成年女性感受到威脅，是因為女孩沒有完整的生育力，因此不構成威脅。所以成年女性很樂於教導她們學習社交技能，以及如何養育孩子。在此同時，成年男性沒有感受到青少男的威脅，是因為他們看起來缺乏威脅性又瘦弱，所以很樂於教導他們學習狩獵技巧。

這些差異與今日的青少年有何關聯？

學習：很多教師表示，男孩往往拖到最後一刻才寫作業，女孩則往往事先規劃得井井有條，因此，對於有拖延習慣的男孩而言，意識到這一點對他們會很有幫助。這可能是教師之間最有共識的兩性差異。

我不想建議大家對男孩或女孩採用不同的教學方式，因為這對於那些不符合大多數行為模式的學生來說並沒有幫助。然而，無論你是什麼樣的人，請注意觀察自己的狀況，看看你是否覺得「系統化」的方式比較容易學習，例如透過學習文法規則的方式來學習語言。或者，如果學習的時候有些實際的範例，或是能與別人討論，或是透過死背的方式來學習知識，是否讓你學習得比較好。接著，你可以利用對自己的這種認識，進而加強你喜歡做的事。

情緒化的行為：我們用「前額葉皮質」來理解和控制自己的情緒化反應。既然女孩一般比男孩較早達成每一個發育階段，她們在這方面可能有優勢。男孩可能要花比較長的時間才能發育出自我控制的能力。另一方面，面臨壓力的時候，任何年紀的任何人都會覺得很難控制情緒，而青春期的男孩和女孩又有很多壓力要處理。與性別差異比起來，個性、環境、家庭和個人的壓力等等，這些方面對情緒造成的影響可能還比較大。

心理健康：大家經常說[60]，女孩和女人遭遇的焦慮、憂鬱和其他心理健康問題比男孩和男人更多。這似乎是對的，有比較多的女性診斷出心理疾病。不過也有可能是這樣：女孩和女人覺得能夠把自己可能面臨的問題說出來，因此比較早得到協助，診斷出來的病例也經常比較多；而男孩和男人則會隱瞞自己的問題。隱瞞你的問題可不是好事哦！

我訪談過的許多教師和學生都強烈同意這一點。可惜很多教師都說，男孩比較不願意尋求協助，但往往同樣需要協助；一旦他們真的向成年人求助，就要冒著其他男生會取笑他們的風險。（成年人可以採取很多做法，嚇阻這種幫倒忙的行為。）他們也指出，女生比較會互相支持，也比較願意與朋友分享自己的感受。各位男生，來嘛，你們也辦得到！

冒險行為：男生似乎真的比較常冒險，做一些比較危險的事，包括開車不繫安全帶，或騎摩托車不戴安全帽、酒駕、參與犯罪等等。另外有些行為則是青春期女生似乎比男生冒著更大的風險，包括用禁食、吃瀉藥或嘔吐等方法來減重，以及服用減肥藥物、逃避運動等等。

　　多了解男生和女生承擔的不同風險，應該會影響父母和教師提供的社會教育方式。無論是透過先天或後天來看，男生和女生都不一樣，可能需要不同的建議和策略。不過，就像這個話題的其他方面一樣，考量個體差異可能比僅僅根據性別或性別角色來預測更有用。

身體的變化：我之前提到的，關於女孩比男孩更早看起來像成年人的觀點很重要。這有時候表示女孩會覺得自己很胖，因為她們的體態經常變化得快速又明顯。一旦無法控制自己的身體變化時，就會覺得很難堪，甚至痛苦又煩惱。如果你的身體沒有變成你想要的樣子，或者變得不像同齡朋友的身體，你也會覺得非常苦惱。

糟糕的是，女孩和男孩常常對體重變得過於敏感，甚至連不到十歲的兒童都嘗試節食，人數之多令人擔心。（有些研究說，高達80%的十歲女孩曾經節食。男孩也節食，不過女生比較普遍。）節食有個很大的風險，就是可能引發飲食失調，像是神經性厭食症（anorexia nervosa）或暴食症（bulimia）。不過就算沒有那些嚴重的狀況，節食仍有可能因營養不足而損害長期健康。例如女生特別需要鈣，以便建構強固的骨骼；也需要鐵，因為生理期會失去富含鐵質的血液。

　　對男生來說，有時候只是想嘗試減重，但這種狀況同樣面臨健康的風險。不過男生有時候也嘗試鍛鍊上半身的肌肉，為了達到目的，他們可能會改變飲食，而且著迷於特定的運動。麻煩的是，如果還沒有到達適當的生物發育和睪固酮分泌階段，他們沒辦法鍛鍊出那些肌肉。這會導致他們對體型產生不健康的執迷心態，以不自然的方式追求成年人的體型。

　　男孩和女孩都覺得有一件事很難面對，就是比同年齡的其他人發育得提早很多或落後很多。對女孩來說，發育得很早可能是令人興奮的事，但也可能帶來更強的自我意識，更加在意自己的外表和行為，而且有時候牽涉到冒著風險的行為，像是性愛方面的嘗試。

　　對男孩來說，身體發育得早會有好處。例如，這樣的男孩似乎比較受歡迎，得到團體領導者的地位。不利之處則是成年人也會期待他們在學校課業方面名列前茅，這未必能實

現，因為他們的前額葉皮質還沒有發育成熟，可能發育得比大多數女孩晚一點。

笨拙和長高：有很長一段時間，父母都注意到青少年經常顯得格外笨拙。他們可能會弄丟東西、跌倒，動作變得很不協調。面對這點，成年人總是這樣解釋：「噢，嗯，這沒什麼好驚訝的……突然間長大，表示他們的大腦跟不上他們的手臂和雙腿。」

真正的原因可能很接近上述的回應，但比較科學一點。有個腦區在青春期生長得最快，就是小腦，這是控制肢體活動的重要腦區。原因可能是新近發育的小腦突然快速生長，但還沒有完成適當的連線。

青少男和青少女經常突然長高，持續大約一年。在這段期間，男生平均長高10公分，女生8公分。女生這樣突然長高的時間，平均來說比男生早了兩年。在突然抽高的期間，體重也會增加，主要是因為男生長出肌肉，女生長出脂肪。同樣的，這些差異可能會讓男孩和女孩難以接受自己新的身體。這種在意自己身體變化的自我意識，可能會讓行動笨拙的情況更加惡化。因為過度在意自己的身體變化，會占據大腦的處理容量或「頻寬」，讓大腦比較難以專注於身體正在做的動作。

壓力也可能造成笨拙，青少年又常常比其他年齡層的群體承受更多壓力。面臨壓力期間，連成年人也覺得自己比較笨拙或健忘，所以，笨拙可能不完全與青少年的大腦有關。

有那麼多額外的事情要擔心，全部塞爆了大腦，這可能是青少年必須面對的整體生活狀況。於是，如果你不小心在作業簿上面打翻了咖啡，也就沒什麼好驚訝的了。

升上中學：平均來說，女孩可能會在剛升上中學的時候進入青春期。這可能讓情況更難熬。一般來說，男孩會稍晚一點進入青春期，讓他們有時間先在新環境安頓下來。

與異性父母之間的關係：在這個時候，男孩與他母親的關係，以及女孩與她父親的關係，有可能會改變（但也可能不會）。面對與你不同性別的父母，你可能會不想碰觸或靠近他們，甚至可能覺得他們很噁心！關於這點有生物特質和演化方面的解釋，適用於所有種類的動物。近親亂倫（就是血親之間的性交）會讓後代的基因不正常。因此從生物學的觀點看來，一旦你漸漸變得性成熟，你與父母親沒有身體方面的接觸絕對是好事。兄弟姊妹之間的對抗和吵架也有同樣的好處。你的家人不喜歡你或對你生氣，其實不是壞事！

你可以做什麼事來幫助你的男性腦或女性腦？

以下有幾個想法可以思考看看：

● 你可能會覺得很安慰，就是你注意到自己的一些長處或弱點，其實在其他男性或女性身上很普遍。不過呢，

別讓這類刻板印象害了你，讓你對自己想做的工作或扮演的角色裹足不前。無論你覺得什麼事情很困難，只要透過練習、決心和良好的指導，都能幫助你把需要提升的大腦網絡建立起來。無論我們的生物特質存在著什麼樣的性別差異，它們全都沒有那麼強大，無法阻止你去做自己想要努力從事的工作，或者想要達到的成功目標。

● 採用不同的學習方法實驗看看，例如心智圖、顏色、記憶技巧、押韻等。如果某種方法不適合你，不妨換成另一種試試看。

● 注意觀察你覺得很困難的主題或技能，然後開口尋求協助，找到某種方法讓你做得更好。教師經常都知道可以採用其他方法，也許會更適合你。如果覺得目前的教法似乎不適合你，不妨告訴你的老師。

● 你有沒有什麼事情一直搞不定？可能是你很憤怒又好鬥，或者沒有留下足夠的時間做功課或寫報告，或者做事情很沒條理、丟三落四。認清這一點，向你信任的成年人求助，這樣可以增加自信和減輕壓力，沒想到吧。

● 你的大腦在這個階段特別具有「可塑性」。換句話說，大腦比較容易塑造或改變。而且你請大腦做越困難的

事，它的表現會越好。這個階段正是讓大腦變優秀的好
時機。

● 我們常常喜歡跟隨自己所期望的某個人、某件事或某
種方法，因為覺得這樣比較自在、安全和簡單。但其實
沒必要這樣。你可以創造自己的生命之旅，建立自己的
能力，做出適合自己的決定。

幫自己測驗看看！

你的大腦具有男性模式或女性模式？

何不拿這個測驗給你的朋友試一試，看看不同的性別是否得到不同的結果？請注意，這只是為了好玩，並不是真的有什麼意義！

回答以下的問題：

1 這三個箱子有其中一個少了一件物品，是哪個物品？

2 如果以正確方式旋轉，哪兩個形狀是同一個物體？

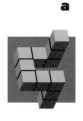  

3 找到有秒針的手錶或時鐘，讓你可以準確計時30秒。
你也需要一張紙和一支原子筆或鉛筆。

在30秒內，你可以寫下幾個以「t」開頭的英文字？不
需要完全拼寫正確。

4 哪兩棟房子是同一棟？

5 以下哪一張圖包含了右邊這個形狀？

163

6 如果以正確方式旋轉，哪兩個星形是同一個？

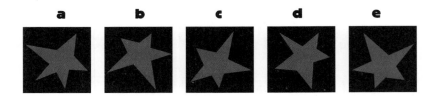

答案

。**e**陈**d**.6；**b**.5；**e**陈**a**.4；**c**陈**a**.2；龍瑯期的**b**.1

如果你在第1、3、4題答得很好，你的大腦有典型的女性能力。如果你覺得第2、5、6題比較簡單，你的大腦有典型的男性能力。此處呈現的這些項目，有時候大家認為對一種性別來說比較容易。不過呢，如果你花比較多的時間練習某些特定的能力，有可能會得到比較好的結果。

　　關於性別之間的差異，若想閱讀更多正反兩面的參考資料，請見我的網站和「Blame My Brain」相關網頁。

第 6 章

黑暗面：憂鬱、成癮、自我傷害與更糟糕的事

「我的人生不值得活下去。」

來認識潔瑪。她十五歲。她的處境一點都不有趣。

朋友很擔心她，父母也很擔心她。非常擔心。

大家都說，她那麼出色又聰明，為什麼看起來那麼悲傷呢？

她本來經常參加球隊活動，是學校交響樂團的成員，

也參與一些社團，而現在，她什麼事都不管了。

她不像以前那麼在乎自己的外表，頭髮凌亂都不梳理。

她似乎放棄了每一件事情、每一份友誼。無論大家有多麼常問

她好不好，她也不會敞開自己的心胸回應別人。

大家都不知道該怎麼辦才好。

　　潔瑪待在她的房間裡。窗簾拉緊，黑暗之中有一顆昏暗的燈泡，散發出深黃色的晦暗陰鬱。暖氣開著，但她覺得好冷。她很疲倦，不過懶得梳洗準備上床睡覺。也許乾脆穿著髒衣服爬上床算了。

　　她盯著自己的電腦螢幕。她應該要寫一篇報告。她好幾天前就知道這件事，也知道所有同學都已經寫好了。但她今

165

天沒有去學校。嗯，本來有去，但吃午餐的時候就離開了，請某位同學去跟老師說她覺得很不舒服。她真的很不舒服。有點頭昏腦脹，無精打采。而且不留在學校看起來是個不寫報告的好理由。

她的英語課老師說這篇報告很重要。潔瑪需要這篇報告去做所謂的「作品集」那件蠢事。就是你得收集一整年當中最好的作品，然後去參加考試。所以呢？這有什麼意義？潔瑪又沒有要當作家，或者當英語課的老師。她到底什麼時候會需要「將威爾佛雷德·歐文（Wilfred Owen）和齊格佛里德·沙遜（Siegfried Sassoon）兩人的詩作進行比較和對照」？

潔瑪依舊盯著螢幕。她無法讓自己的手指動起來，也無法讓大腦開始思考。她的腦袋和身體其他部分之間似乎有一道鴻溝。屋內遠處的聲響好像來自另一個世界，而她不屬於那個世界。而且好像有一團沉重的烏雲將她的腦袋團團圍住，還有暗影籠罩她的眼睛，讓每一樣東西看起來都很陰暗沉鬱，朦朧不清。

眼淚開始讓視線變得模糊。不知它們從哪裡冒出來的。

別管報告了。潔瑪登入網路論壇，她花很多時間掛在那裡，很多青少年在那裡天南地北什麼都聊，是個發牢騷、講八卦、有時甚至笑一笑的地方。他們根本不認識彼此，從沒看過對方的臉孔，但她覺得很了解他們。閒聊一下，會讓她覺得心情比較好。

她登入論壇，使用者名稱是：珍珠寶石（Pearlgem）。

她瀏覽目前的聊天室列表。其中一則吸引她的目光，讓她差點無法呼吸。「有人很憂鬱嗎？我需要聊聊。」標題寫著。

　　她點進去。有三個人掛在這個聊天室裡。潔瑪開始閱讀他們到目前為止張貼的訊息。

女巫07：嗨，有人正在接受憂鬱症治療嗎？我需要聊聊。我今天剛去看醫生，因為我繼母嘮叨了好幾個星期。嘿，猜猜看怎樣？醫生說我有憂鬱症（說得好像我自己不知道），必須吃藥。而那讓我覺得……對啦，你猜到了，更加憂鬱。被醫生正式宣判。他們告訴我這件事，好像這樣會讓我覺得比較好？所以我想知道的是，有沒有人知道這些藥吃多久才有效？萬一沒效呢？

向日葵000：嗨，女巫，很遺憾你心情不好。我去年也得了憂鬱症。我的家醫科醫師非常好，他催我去接受談話治療（talking therapy），不過等待的期間他開一些藥給我。不知道是藥物還是談話治療的關係，大概二或三個月後，我開始覺得比較好了。有一天我真的注意到，就像烏雲散開了，太陽又開始照耀。哈囉，憂鬱先生！但不是就這樣結束了，有些時候我又覺得心情不好，不過出太陽的時候越來越多，就像春天來了，每一天都變得越來越溫暖，變得稍微明亮一點，你懂吧？還有，談話治療師幫我找到與朋友談論這件事的方法。不要氣餒，有人會幫你的。

聖徒或罪人：嗨，各位，我可以參一腳嗎？我不知道自己是不是真的有憂鬱症。例如，我雖然沒有整天坐著一直哭，不過這整個學期我覺得有點無聊空虛，而且昏昏欲睡，好像我真的就是沒辦法花心思去做什麼事。我真的本來是派對咖，而且非常喜歡跳舞（像是跳芭蕾舞、參加檢定考試之類的……是啊，我超迷這些），但現在沒有這種心思。我可以在書桌前坐一小時，什麼事都沒做，但後來根本不太在乎了。我的腦袋有一小部分明明知道應該要做點事，像是寫功課，但腦袋的其餘部分只是說：「所以呢？」就像今天是星期五，朋友都出去玩，可是我沒有，你猜怎樣？因為我沒有那種心思。而且不只我的腦袋，我的身體也一樣。身體不想動。幾個星期前，我朋友的父親過世了，每個人都為她感到難過，不過我就是想不出來要說什麼，而且有兩天沒去學校。我沒有哭或什麼的。只是覺得自己好像不在場，就像是牙醫幫我的大腦打了一針麻醉劑。沒有幫上朋友的忙，我覺得應該要感到很難過，但說真的，我又能做什麼呢？

向日葵000：我聽過那樣的憂鬱症狀，不過我的症狀根本是哭慘了。我和家人一起吃晚餐時，他們所有人的聲音會開始在我的腦袋裡撞來撞去，感覺有那種很可怕的悲哀、傷心一湧而上，於是我得找個藉口離開餐桌。我會趕快衝到樓上的房間，一把房門關上，眼淚就湧出來。我會坐在床上，懷裡緊緊抱著所有絨毛玩具，全部抱得緊緊的，像是永遠不想讓它們離開。我就這樣坐在那裡，眼淚流個不停。這些眼淚彷

彿來自我無法看見的身體最深處。我有時候也會發出很恐怖的低沉哭叫聲，簡直像是有人死掉了，或者所有人都死了，只剩我一個人活在世界上。可是我完全不知道為什麼會這樣，因為如果你問：「噢，所以你的人生到底是怎樣啦？」我根本答不出來。不是在我的腦袋裡，而是在我心裡，好深好深，在我全身，在每一個地方，除了腦袋以外。我的腦袋是一個分開來的地方。那種悲哀在我的血管裡、我的皮膚裡、我的肺裡。有時候我幾乎無法呼吸，那重量把我壓垮了。

　　潔瑪再也讀不下去。她滿臉是淚。她登出論壇，沒有留下隻字片語。她坐到床上，就像她經常做的那樣，就像「向日葵」一樣。向日葵這種花是開心的、明亮的、溫暖的，它們微笑，它們高聳又強壯。可是看看「向日葵」隱藏的那份悲傷。潔瑪緊緊抱住她最愛的兔子玩偶，把臉埋在兔子那純淨的嬰兒清香裡，所有眼淚就在這時一湧而出。她任憑眼淚簌簌滑落。

　　過了一會兒，潔瑪站起來。她放下手中的兔子，走到樓下。她深吸一口氣，進入客廳，她媽媽正在那裡看電視。

　　「媽。」她小聲說道。

　　她媽媽抬起頭，看出有點不對勁，很快站起來，走到女兒身邊。潔瑪沒有移動。她的肩膀頹然下垂。

　　「媽，我需要幫忙。」她說著，整張臉又因為情緒控制不住而皺成一團。

潔瑪的大腦發生什麼事？

大多數青少年經歷青春期時，並沒有像潔瑪這麼痛苦。潔瑪有憂鬱症，但她走向復原之路，因為她準備接受協助。很多人有各種不同的心理疾病症狀，他們沒有尋求協助，或者沒有得到協助，但是真的有人會提供協助，而每個人都應該接受協助。這會產生不一樣的結果！

如果你認為自己有憂鬱症的徵兆，尋求協助的第一個地方是你的家庭醫師。家醫科醫師會詢問一些問題，通常先提出一般性的建議，這會有很大的幫助。接著，他們會推薦進行「談話治療」，不過經常要排隊等候，因此他們會先開立一些處方藥物。有時候要花一點時間才能找到適合的藥物，因為每個人的狀況都不同。不過藥物和談話治療都有幫助，為了長期著想，談話治療通常是有需要的。

究竟是憂鬱症，還是每個人不時感受到的「正常」傷心，你要怎麼分辨呢？每個人總有一、兩天會有像潔瑪那樣的感受，有時候是有原因的，有時候則沒有明顯的理由。但是一般來說，這種狀況會過去，你又會覺得心情變好。假如經過幾個星期都沒有改善，也沒有特定的理由讓你感到悲傷，例如喪親之痛，那麼就有可能診斷出憂鬱症。不過請注意，其實有很多種不同的心理疾病，憂鬱症也分成很多類型。

以下是一些症狀：

- 一直或大多數時候都覺得悲傷／憤怒；你會在早晨覺得比較嚴重。
- 覺得自己沒有價值／長得很醜／毫無用處，廢人一個；如果你不在，大家都會比較高興。
- 覺得不餓，或者吃太多；暴瘦或暴肥（不過青春期增加一些體重是必需的，因為你還在成長階段）。
- 不再喜歡你以前喜歡的事物。
- 有睡眠障礙：很難入睡，或者很早就醒來，躺著一直睡不著。
- 無法專注；經常忘東忘西。
- 一直想著如果死掉不知道會怎樣，想著那樣會解決你的問題，想著用不同的方法結束你的生命。

　　如果上述有幾項能夠描述你的感受，尋求協助吧。就算你不確定，也可以問問你信任的人：父母、照顧你的人、祖父母、朋友、教師、醫師。任何人都可以。或者假如你想對陌生人訴說，也可以打電話到「兒童幫助熱線」或「撒瑪利亞會」。（編按：臺灣的讀者可以打電話到衛福部的安心專線，或者國際生命線臺灣總會的協談專線。電話號碼放在這一章的最後面。）

　　憂鬱症在青少年和成年人之中非常普遍，不過似乎常常從青少年時期就出現症狀。大約有5%的孩童（七到十二歲）會有憂鬱症，但到了青少年（十三到十八歲）增加到

15%到20%，比例與成年人差不多。這種病症對女孩的影響似乎大於男孩，但糟糕的是，這有可能是因為男生經常覺得應該要隱瞞自己的感受。不過呢，你的感受是健康與否的重要線索。感覺悲傷或憂鬱，並不是因為軟弱。

憂鬱症是全世界最主要的人類失能的原因。（根據「世界衛生組織」二〇二〇年的資料）像英國這樣的國家，估計每一年約有20%的青少年有心理健康問題。（www.mentalhealth.org.uk/statistics/）

診斷出憂鬱症的女性比男性多。不過這可能是因為女性比較常尋求協助。此外，雖然悲傷是最為人所知的症狀，但男性的症狀經常是憤怒，因此沒有察覺到他們有憂鬱症。

再次檢視青少年的大腦之前，讓我們先來看看其他狀況，這些狀況有時候在青春期也很嚴重。

自殺：當然，憂鬱症最糟糕的結果就是自殺，不過大多數的憂鬱症患者沒有企圖自殺。但以英國為例，自殺是十五到二十四歲青年的第二大死因，僅次於意外死亡。自殺死亡比較常見於男孩和年輕男性，不過女孩和年輕女性比較常企圖自殺。

如果你曾經考慮要結束自己的生命，找人聊一聊吧。自殺不是解答，一定有人能協助你找到另一條不同的途徑，讓你喜歡接下來的人生。管道很多，像是前面提過的安心專線或協談專線。他們做著很了不起的工作，專門協助曾經萌生自殺念頭的人。

自殘：故意傷害自己，通常稱為「自殘」。這是憂鬱症的一種表現，不是只有年輕人會這樣做。有些自殘的人說，他們這樣做是因為憂鬱症讓他們一點感覺都沒有，而傷害自己會讓他們有感覺。有些人則用這種方法對別人表達他們很不快樂。還有一些人說這樣可以宣洩憤怒或壓力。無論是什麼樣的理由，顯然都包含了不快樂的心態。而就像各種形式的憂鬱症，痛苦的人也能夠獲得協助。不要對自殘感到羞恥，趕快尋求協助吧。安心專線或協談專線是很好的起點。

飲食失調：神經性厭食症和暴食症是最為人所知的飲食失調狀況，但不是只有這兩種而已。這些病症很複雜，有很多不同的原因和治療方法。用最簡單的話來說，神經性厭食症牽涉到吃得不夠多而無法維持健康，而且經常運動過度；暴食症則包括正常飲食或吃下非常大量的食物，接著逼自己嘔吐出來。飲食失調是非常危險的情況，需要醫療方面的協助。
　　飲食失調有時候是因為你覺得自己很胖而導致。不過通常沒有這麼簡單：有時候源自於想要透過運動來控制身材，因為你生活中的其他每一件事似乎都失去控制。大多數患者

的自尊都非常低，這可能是成因的一部分。如果你認為自己或你認識的某個人可能承受著這樣的痛苦，請一定要尋求協助。

　　飲食失調並非一定與減重有關。有些年輕人（經常是男生）想要把肌肉鍛鍊得很壯，為了達到這樣的目標，結果走上很不健康且危險的道路。

　　此外，有些飲食失調的狀況，則是對於某種特定的食物到底健不健康非常執著。真正的健康飲食應該是攝取多種營養，並能在沒有內疚感或限制性行為的情況下享受食物。

思覺失調症：這種狀況通常在青春期就開始，影響了總人口的大約1%，發生在他們人生的某個時候。不過很多例子都只是一段插曲，往後不會再發生。男性比女性更常出現這種狀況。

　　思覺失調症患者體驗到的現實與別人不同，導致他們的行為模式看在別人眼裡顯得很不合理。他們看見或聽見的事物可能是別人感受不到的，有時候，他們會根據這些感知採取行動，因此可能會做出對他人來說無法理解的事情。

　　我們並不知道為什麼有些人會罹患思覺失調症，不過，最重要的是，知道這種疾病是可以治療的。對某些人來說，這有可能只是人生的一段插曲，或者經過治療後，症狀穩定下來且消失了。也有一些人可能需要持續服藥，讓症狀維持在可以控制的狀態。

　　以下是一些思覺失調症的症狀：

- 你相信的一些事情，看在別人眼裡似乎非常奇怪。例如你認為自己有特殊的力量，或者非常偏執，覺得別人都要害你。

- 你看到／聽到／聞到的事物，其他人都感覺不到。包括聽到一些聲音叫你去做某件事。

- 你做的一些事情，別人認為非常怪異、無法接受。

- 你的想法從一件事很快跳到另一件事，而且跳躍的方式很不尋常。

　　不過，得到適當的診斷是很重要的，畢竟你的症狀有可能不是思覺失調症。

　　不少研究也顯示，思覺失調症患者的前額葉皮質沒有正常運作。正常的青少年大腦處於修剪階段時，會從前額葉皮質修剪掉大量的灰質（即神經元）。至於思覺失調症患者，這個腦區甚至修剪掉更多神經元。思覺失調症患者的症狀有點像是前額葉皮質受損的人。既然青少年的前額葉皮質正在經歷很大的變化，我們很容易就能想像，你的大腦在這個時候特別容易受損而出現問題。

長期使用大麻與思覺失調症有很緊密的關聯。

成癮：就像我在第4章說的，如果你在青春期就決定開始喝酒、抽菸或嗑藥，以後成癮的風險比較高。如果在十五歲以

前開始大量飲酒，染上酒癮的機會比你等到二十一歲再喝酒會高出四倍。染上毒癮也是一樣。在青少年時期喝酒或嗑藥，所冒的風險比晚一點再做這些事要高多了。

如果你是青少女，而且比一般人提早進入青春期，會讓你成癮的風險提高許多，也有可能比較年輕就有性行為。不過也有很多女生相當早就進入青春期，但是沒有掉進那樣的陷阱。

有一項研究用小鼠做實驗，發現跟成年人或小嬰兒的大腦比起來，古柯鹼對青春期大腦造成的傷害比較多。研究人員相信，其他毒品對青少年也有類似的特殊效果。[61]

焦慮症：憂鬱症和上述提到的其他問題，只是人類可能遇到的幾種精神疾病，此外還有很多不同型態的焦慮症。這本小書無法列出所有的疾病或幫它們正名。以下的說明希望能讓你安心，對你有幫助。

焦慮本身是一種完全自然的狀態，讓你對危險或挑戰有所準備；唯有焦慮害你沒辦法享受生活時，才會變成問題。我們必須學習讓焦慮維持在適當的程度，在正確的時機有著恰到好處的焦慮，而且能夠讓自己的內心和身體冷靜下來。有些人覺得自己比別人更難控制焦慮，不過聽了一些有用的建議，像是我在這本書裡寫的內容，你還是可以過得快樂又健康，變得比較能夠從擔心和沮喪的心情恢復過來。你可能

也需要去找醫療人員，針對你個人的狀況提供專業協助。

焦慮的很多種表現，包括心慌意亂，都是只此一次或短期的挑戰。良好的支持和治療有助於避免另一次發作。

你所擔心的任何症狀都應該要經過適當的診斷，就從你的家醫科醫師著手吧。越早得到協助，效果就越好，痊癒的速度也越快。

與心理健康問題奮戰並不可恥，其實跟摔斷腿或染上流感是一樣的。

獲得關於自己症狀或疾病的正確資訊非常重要。請找大型且知名的健康機構或合法的慈善團體作為資訊來源。你會在這一章的最後面找到著手求助的出發點。

青少年的大腦為何更容易受到影響？

理論 1：前額葉皮質內的變化

前額葉皮質會經過各種生長和修剪的階段，你現在知道相關知識了！那麼，它可能會以哪些負面的方式影響某些青少年呢？

憂鬱：青春期的大腦正在進行這麼多的發育變化，有可能影響到一些人的心理狀態，使他們陷入某些難題，像是憂鬱

症。前額葉皮質牽涉到處理情緒、理解情緒，以及採取健康的方法來處理負面情緒。如果你的前額葉皮質還沒有發育完全，則有可能讓你很難以健康的方法來處理身邊的每一件事。對有些人來說，這可能是出現憂鬱症狀的部分原因。

自殺：因為在某個當下，覺得人生似乎不值得活下去，於是決定結束自己的生命。青少年自殺是最糟糕的決定，眼前就有個更好的答案。拜託，開口尋求協助，來找出解方。別任憑不知所措的前額葉皮質把你拖垮了。

焦慮症：如同憂鬱症，焦慮症也混合了許多複雜的原因和刺激而造成，在青少年身上很常見。尚未發育完全的前額葉皮質可能是原因之一，你會覺得很難後退一步，並以理性的態度去評估風險或恐懼，結果讓焦慮淹沒了你。成年人也會受到焦慮之苦，但他們比較有機會發展一些處理的技巧，協助安撫自己的焦慮情緒。

成癮：青少年大腦對毒品的反應與成年人的大腦是不一樣的，對酒精和菸草的反應也不同。我們不知道確切的原因，總之前額葉皮質內的複雜活動，以及其他腦區進行的所有重要的重建工作，可能都扮演著重要角色。此外，成癮當然與做決定有關，前額葉皮質也參與其中。

理論 2：與激素有關

你知道所有的激素都會流遍全身，特別是在青春期。激素確實會影響我們的心情。也許有些人在這段期間發生憂鬱症，可能只是因為特別受到這些激素的強烈影響。不過呢，憂鬱症不只像月經週期這樣的暫時性情緒波動。憂鬱症持續的時間更久。激素可能是其中的一個原因，但不代表事情的全貌。

男孩的睪固酮濃度低落會導致憂鬱，女孩雌激素濃度低落時也一樣。然而研究人員曾發現，與家人關係良好的青少年就不會如此。所以，與你青少年大腦裡的化學物質比起來，也許你身處的環境和遇到的事物更重要。

理論 3：與多巴胺有關

還記得多巴胺吧？這種神經傳導物質是大腦的一種化學物質，讓我們想要尋求愉悅和刺激，讓喜愛冒險的人變得很興奮。你也記得多巴胺的濃度在青春期變得不一樣吧？濃度似乎比較高。不過呢，如果多巴胺與極度愉悅有關，為什麼又要為憂鬱症負起責任呢？

答案是，多巴胺不只讓這個世界看起來像是很棒的地方，也會造成相反的效果。情況可能是這樣：如果對多巴胺產生反應的腦區得到過量多巴胺，有可能變得比較不敏感，於是你會覺得遲鈍呆滯，對於以前會讓你感到開心的很多事情都變得沒興趣。就好像你變得有點麻木。你的大腦真正需要的是所有化學物質處於良好的平衡狀態，而在青春期這段

時間也許很難找到平衡點。

成癮：研究人員已發現，成年成癮者的大腦中，多巴胺系統受到影響。而在青少年腦中，同樣的多巴胺系統也經歷著這樣的變化。讓你上癮的毒品和酒精，會激發出宛如潮水般的大量多巴胺。毒品會造成幻覺，看來在青春期用這種東西轟炸大腦，絕對是最不好的時機。

理論 4：與文化有關

科學家無法確定憂鬱症患者的腦中究竟發生什麼事，但毫無疑問的是，周遭發生的事情會對你的心情造成巨大的影響。感覺起來，現今青少年的生活壓力比較大：要做比較多的決定，爭辯的機會比較多，人們對他們的期待也比較高。社群媒體一方面帶來很大的好處，另一方面也產生巨大的挑戰。你的父母、教師和照顧你的人可能也面臨比較大的壓力，他們疲於奔命，必須工作得更加賣力才能賺到錢；他們的壓力讓家裡的生活變得比較緊張，也讓你想像未來成年生活的時候感到很害怕。這會讓人覺得自己被壓垮了。

有很多事並不是什麼新鮮事，但同樣會讓年輕人覺得壓力很大，像是父母離婚或家庭破碎、疫情期間的網路教學和行動式學校、你正在變化的身體、有朋友或家人過世、遭受霸凌、生病、考試等等。每個人面對這些事都覺得壓力很大，但是也許青少年會覺得更嚴重。成年人可以找到一些方法解決困境，或者可以看透一些事，兒童則有父母或照顧他

們的人在旁協助。至於青少年，他們覺得自己漸漸要獨立了，想到這點就覺得很可怕。

因此，身為青少年的壓力是很大的，就算你的大腦沒有發生那麼多事也一樣。壓力太大會激發心理疾病或加重病情，像是焦慮症和憂鬱症。

成癮：壓力會導致成癮的情況嗎？壓力確實會讓一些人轉而投入酒精和毒品，認為是一種宣洩的出口。那樣顯然會導致成癮。

思覺失調症：思覺失調症發病的起始，常常似乎是經歷了一段壓力非常大的時期或事件。（但其實很難確認，因為青春期有很多時候壓力都很大，但大多數人並沒有出現思覺失調的情形。）不過呢，青春期的額外壓力有可能是這段期間出現症狀的一個原因。

理論 5：與演化有關：憂鬱症對我們有好處

什麼？憂鬱症對我們有好處？絕對沒有吧！關於這點，還記得有一位演化生物學家回顧最早期的人類生活吧。讓我們也回顧一下。

首先（這一點不只與青少年有關），你可能聽過季節性情感障礙症（seasonal affective disorder, SAD），或者冬季憂鬱症（winter depression）。嗯，這也許可以追溯到人類早期生活的時代，當時的冬季不太容易取得食物，活動量太大會

消耗掉太多能量，導致人們需要更多食物。而環境黑暗又很危險，這種時候去睡覺是最好的選擇。因此，行動緩慢、睡覺、讓身體關機，就成為人類對付冬天的天然方法。畢竟有很多動物也是整個冬天都睡覺——也許冬眠的陸龜只是有特別嚴重的冬季憂鬱症！

其次（這一點就只與青少年有關了），在第3章裡，你曾看到青春期的睡眠模式改變了，青少年需要更多睡眠。有些形式的憂鬱症就好像身體逐漸關機，節省能量，想要多睡一點。如果青少年需要更多睡眠，進入某種冬眠狀態，生活步調慢下來，如同憂鬱症的狀況，那麼很可能早期的人類青少年就有這種現象（現在也仍是）。

最後，還有另一點可能與演化有關。對人類和其他動物來說，有一種很重要的天生本能是「反擊—逃跑反應」（fight or flight）。這描述的是人類或其他動物遭遇到危險或驚嚇的情境時，突然間湧現的巨大壓力。

你知道有哪些徵兆。每當你受到很大的驚嚇，像是有隻獅子從一棵樹的後方向你跳出來（如果你從沒碰過這種狀況，反正就想像一下吧），你會有這樣的反應：心跳加速，汗如雨下，所有的感官都提高警覺。但你也會得到額外的力氣。有沒有曾經被你很怕的動物追逐過？曾經有一隻鵝追著我跑（不要笑，牠們是恐怖的野獸），結果我跳過一道1.5公尺高的柵欄。後來，我回頭看著那道柵欄說：「哇！我是怎麼辦到的啊？」答案是我的「反擊—逃跑反應」運作得超級棒，有一些化學物質立刻流遍我的全身，讓我得到額外的

力氣。那隻鵝運氣很好，我選擇逃跑。

這與憂鬱症和演化到底有什麼關係？有些種類的憂鬱症之所以發展出來，也許是面對持續的巨大壓力而產生的反應。持續的壓力對我們有害，大量的皮質醇和腎上腺素讓我們非常緊繃，耗盡我們的精力。憂鬱症，以及身體關機的狀態，有可能是身體自我保護的機制，是將整個世界阻擋在外面的方法，訴說著：「好，我受夠了。我要睡覺了，直到這一切全部結束。」

這時候，你可能會想，可是萬一有獅子朝我衝來，結果我的身體決定要退出而跑去睡覺，這絕對不是「憂鬱症對我有益」的好例子吧。對，我同意。不過請記得幾下幾件事：

- 演化要花很久、很久、非常久的時間才能改變狀況，而社會的改變速度快多了。

- 早期的人類會透過反擊或逃跑來解除壓力，而時至今日，我們通常不必做出這種行為。也許這就是原因，我們的身體沒有進行那些預先設定好自己能做或要做的事：反擊或逃跑，結果持續累積瑣碎的壓力。演化還沒有跟上現代生活的步伐。

所以，你覺得很憂鬱時，先確定你沒有遇到一頭獅子。換個角度想，為了讓你整個人動起來，也許一頭獅子就是你所需要的。

「我的青少年大腦出了問題，我可以做什麼事來幫助它呢？」

- 如果你認為自己碰到這一章所提到的任何一種問題，一定要尋求協助。如果找到適當的人，向他傾訴你的問題，則每一件事都有答案。

- 對你自己好一點。固定找機會放鬆一下（像是窩在舒服的地方看一本喜歡的書、找朋友一起去吃披薩或喝咖啡、好好洗個澡，或者只是坐著看夕陽），也要在心裡好好鼓勵自己。

- 請了解，憂鬱症會讓你以反常、錯誤的方式看待很多事情，你會覺得自己很醜／很笨／很不受歡迎／太胖／太瘦，或者你永遠不會成功。不過那不是事實，只是你的大腦運作的結果。鏡子真的會騙人。

- 絕對不要以喝酒、吸毒或抽菸等方式讓自己心情變好。心情不會變好的。等到立刻獲得的一點點快樂消失殆盡，你會覺得心情更差，於是冒著風險更加依賴酒精，結果上癮。

- 維生素：維生素B對心情特別重要。維生素B3，又稱菸鹼酸（niacin），協助身體製造血清素（serotonin），

腦中的這種化學物質製造出平靜快樂的感受（與多巴胺不同，多巴胺製造出興奮的感受）。你可以服用維生素B當作補充劑，不過更好的方法是從食物中攝取，像是添加營養成分的穀類麥片（添加營養成分是指加入了維生素，應該會列在包裝上）、馬麥醬（Marmite）或維吉麥（Vegemite）等抹醬，以及米、堅果、牛奶、蛋、肉類、魚類、水果、綠葉蔬菜等。維生素B6對女孩應該也很有幫助，女孩的情緒起伏與生理週期有關；你可以從添加營養成分的穀類麥片、豆類、烤馬鈴薯、香蕉、魚類和番茄攝取到維生素B6。

● 若要改善憂鬱症和情緒起伏的狀況，運動也有非常大的幫助——雖然你不會想要去運動。請某位朋友鼓勵你去運動。一旦強迫自己動起來，你會覺得自己的狀況好多了。

● 永遠別忘記：每一件事都是一個階段。你認為你永遠都會有這種感受，但我向你保證不會。事情會改變，光明會出現，無論你現在有什麼樣的感受，以後你的感受都會變得不一樣。

一杯熱可可聽起來很有安慰的效果，也許真的是這樣哦。熱牛奶含有「色胺酸」（tryptophan），不只能幫助你入睡，也能幫助身體製造出令人冷靜的

化學物質「血清素」。色胺酸的另一種來源是火雞肉，也許正因如此，我們吃了耶誕節和感恩節大餐之後覺得很好睡，感覺很滿足。

　　這一章的內容有點沉悶。不過請記住，大多數的青少年不會經歷心理疾病，可是你們大多數人都知道身邊有人遇到。把事實換個角度來看，永遠都會得到新的啟發：如果每一年有20%的年輕人承受心理健康問題之苦，就表示有80%的人沒問題。你那顆令人驚奇的大腦，有很大的機會帶領你順利度過青春期。不過你要盡全力照顧它哦，需要的時候尋求協助。協助的資源永遠等著你。

有用的協助資訊

　　英國的「兒童幫助熱線」（ChildLine），官網 www.childline.org.uk

　　英國的「撒瑪利亞會」（Samaritans），官網 www.samaritans.org

　　英國的「年輕之心」（Young Minds）網站，協助捍衛年輕人的心理健康，官網 https://www.youngminds.org.uk

　　我寫過以下書籍，你可能會找到有用的資訊：

　　《青少年壓力指南》（*The Teenage Guide to Stress*）

　　《青少年網路生活指南》（*The Teenage Guide to Life Online*）

《我的身材就是最棒的身材》（*Body Brilliant*）：探討身體形象和飲食失調

《成為有韌性的人》（*Be Resilient*）：建立起強韌的心靈，以便面對艱困的時刻

編按：以下增加臺灣讀者適用的資訊：

臺灣衛福部的安心專線：電話或手機直撥1925（依舊愛我），二十四小時免費心理諮詢服務。

「年輕族群心理健康支持方案」，提供十五到三十歲年輕族群每人三次免費心理諮商：https://www.mohw.gov.tw/cp-16-75401-1.html

國際生命線臺灣總會的協談專線：電話或手機直撥1995（要救救我）；其他求助管道請參考：http://www.life1995.org.tw/?aid=2

「青少年心理健康網路支持平臺」，可使用臉書或LINE進行文字協談：http://www.life1995.org.tw/?aid=2&i-id=5

幫自己測驗看看！

你覺得很憂鬱嗎？

閱讀以下的描述，想想看是否非常適用在你身上。如果其中有一、兩件以上的事情曾經真實發生在你身上，而且持續超過一、兩週，你就應該去找醫師幫忙。剛開始先找到你能夠信任的成年人聊一聊。

- 我無法花心思做任何事。

- 很難專心於工作或閱讀。

- 我經常無法做決定。

- 我還滿常感到傷心或憂鬱，有時候沒有原因就這樣。

- 即使發生好事，我還是覺得很傷心。

- 我覺得非常疲累。好像沒什麼精力。

- 以前很喜歡做的事，現在找不出有什麼樂趣。

- 我覺得自己很失敗。

- 我是個很糟糕的人。我需要接受懲罰。

- 我睡得很不好……要不是很難入睡，就是常常醒來，沒辦法再睡著。

- 我沒有刻意，卻發現體重減輕或增加。

- 我一直想睡覺。我經常在不該睡覺的時候睡著。

- 我有時候想著自己會用什麼樣的方法自殺。

- 我經常想著死掉的事。有時候覺得如果我死掉，大家會比較高興。

（如果你曾經想要結束自己的生命，請不要遲疑，立刻尋求協助。）

第 7 章

讓你的厲害大腦變得更優秀

「是的，波娃老師，可是你的權利和我的權利互相牴觸的時候會怎樣？我們所有人真的具有同等的價值嗎？」

來認識麥可和蘿拉。他們是雙胞胎，快要十七歲了。

他們有個弟弟叫伊恩，今年十三歲。星期天晚上，全家人的晚餐快要吃完時，蘿拉宣布她想當精神科醫師。

「天啊，蘿拉，你為什麼會想當那個？」麥可問著，伸手又拿了麵包，準備沾肉汁吃。

「我以為你想當工程師？」他們的父親說。

「對啦，我知道。以前是。不過，我只是覺得，我的腦袋其實不是那樣運作的。我比較有興趣的是思考各種原因，研究事情的全貌。對啦，我知道我以前一直都很喜歡解決問題，可是現在才發現，我更喜歡解決人的問題，而不只是機器和物品。反正呢，大腦是最厲害的機器，對吧？」

伊恩問：「研究瘋子是能解決什麼問題？叫那些穿白袍的人去解決他們就好了啊。」他對蘿拉笑了笑，然後又吃了一大口義大利麵，唏哩呼嚕吸進嘴裡，整個嘴脣沾滿了番茄醬汁。

191

「伊恩，別講蠢話。」他們的媽媽出聲斥責。

伊恩笑了笑。他縮進自己的椅子裡，伸手抹抹嘴巴。

「反正呢，跟伊恩生活在一起之後，你會很習慣瘋子。」麥可說。

「屁啦，你自己才是瘋子。」伊恩回嘴說，拿起麵包扔向哥哥。

蘿拉說：「別那麼沒禮貌，如果他們的腦袋出了什麼問題，那不是他們的錯。如果你的精神出問題，你會希望大家用寬容親切的態度對待你，想辦法把你治好。你會希望有我這麼厲害的精神科醫師。」

他們媽媽說：「沒錯，蘿拉，別理伊恩。他只是笨男生。」

伊恩對他母親做了個粗魯的手勢，但幸好她沒看見。

「所以，這個想法是什麼時候開始的？」他們的爸爸問。

「我們上過初級的哲學課，讓我開始好好思考……我是說，我們怎麼知道什麼是真實的，誰又能說我們對於真實的概念是正確的？由誰來認定誰是瘋子，誰又是正常人？而且，我們怎麼知道別人的腦袋裡面有什麼？然後，這個星期，我們聽了一位神經科學家的演講，他說我們的個性就只是我們腦中的各種化學物質和細胞構造。我聽了就想，我們一定不只是那樣而已，而答案就在哲學和科學之間的某個地方。我們整個人也像這樣。」

麥可以興味盎然的表情看著她，但完全聽不懂。她的父

母以驚訝的目光看著她。伊恩則是一邊打呵欠、一邊嘀咕說：「吧啦吧啦吧啦嚕吧嚕吧嚕吧咖啦喀啦喀啦。」

「伊恩，幫幫忙，安靜。」他們父親氣沖沖地說。

伊恩的回應是用指尖旋轉一把叉子。結果叉子掉在地板上，把番茄醬汁全部潑灑到蘿拉的牛仔褲上。

「天啊，按照這種速度，你會是我的第一個病人。我今天穿的是乾淨的牛仔褲，現在你看看。」

「噢，哭哭。」伊恩咕噥說道，知道自己做錯事，但無法將抱歉說出口，因為那樣很丟臉。

「好了，伊恩，立刻離開餐桌。你的行為我受夠了。你都沒有幫別人想，只想到你自己！而且今天輪到你去洗碗。」他們的媽媽罵道。

「不是輪到我！是蘿拉，你明明知道！」

「嗯，現在輪到你了。」

「不公平！為什麼輪到我？」

「因為我說了算。你剛剛把蘿拉的牛仔褲弄髒了，就因為你很愚蠢又粗心大意，所以至少該去洗碗，教訓你要細心一點。」

「蠢蛋！（cow!）」伊恩喃喃說著。

「你剛才說什麼？」他們父親質問道。

「沒什麼。」

「有，你有，你剛才說什麼？」

「我只是說『母牛』，好嗎？有什麼該死的大不了的！」

193

（編按：cow，原意是母牛，在英國有辱罵女性之意。）

「向你媽媽道歉！快點！」

「噢，好啦，我好抱歉哦，你真是全世界最棒的媽媽啦！」

伊恩飛也似地衝出餐廳，用力摔上門。

其他人面面相覷。

麥可率先開口。「媽，你不應該讓他像那樣對你講話，超沒禮貌的。」

他們母親對他做了個古怪的表情，像是微笑，但是別有深意。麥可看著她，心想：為什麼媽媽像那樣對他微笑？

接著他突然茅塞頓開。「啊，對哦！我以前也像那樣對你說話，對吧？」

「對啊，沒有很久以前。」她現在笑開懷，彷彿有一盞燈亮了起來。對她來說是隧道末端的一點微光；對麥可來說則是突然能夠看清楚，自己有什麼樣的改變，還有以前是什麼樣子。他正從第三者的眼光觀看自己。

他們的父親開口說話。「蘿拉，要花多久才能成為精神科醫師？」

「大概只要十年吧。」

「有沒有機會稍微快一點，你就可以回答我們這對可憐的父母，青少年的大腦到底是怎麼一回事？」

194

伊恩、麥可和蘿拉的大腦到底發生什麼事？

　　伊恩、麥可和蘿拉的言行，說明了青少年大腦發育和行為的三個不同階段。重點是請先了解，這些只是個人行為的三種極端例子，用來呈現不同的觀點，而不是用來說明一般的青少年會有什麼樣的行為。很多同齡青少年的行為舉止完全不一樣。不過讓我們來看看到底發生什麼事。

　　伊恩，十三歲，處於青春期的初期。他很輕浮、笨拙、愛做危險的事（叫媽媽「母牛」是非常危險的行為），而且經常很自我中心。他有時候做出很不好的決定，覺得很難理解別人的觀點，而且不用成熟合理的方式思考事情。如果你能觀察到他的大腦，可能會看到一大堆額外的灰質，那些全都是樹突和突觸新長出來的濃密分枝，還不太知道該如何運作。此外你還會看到，掌管直覺反應的杏仁核運用得比較多，前額葉皮質的運用則欠缺效率。

　　麥可，快要十七歲了，與蘿拉同年。不過男孩的成熟時間經常晚了一、兩年。他開始對自己以外的事物表現出興趣。舉例來說，他突然發現自己以前讓父母很頭痛。（他現在可能有時候還是一樣，不過漸漸學會自我控制，也比較常做出良好的決定。）如果你觀察他的大腦，可能會看到大多數的修剪工作都完成了：樹突的分枝變得比較少，不過相關的連結比伊恩的大腦更堅固。他已經發展出一些能力，是幾年前還不會的，而大腦的幾個腦區也共同運作得很好。但那

些分枝還不是非常堅固。對他來說，那是下一個階段的事。

蘿拉，快要十七歲的女孩，肯定即將到達隧道的盡頭。她可以理解抽象的想法。換句話說，她能思考一些自己看不見、摸不著或聽不到的事物，像是信仰、概念、事實、現實。她可以理解自己的學習能力，她可以預見將來並進行規劃。以語言能力來說，她已經超越兩位兄弟，也覺得自己思考和提出論點的能力與父母並駕齊驅。如果你觀察蘿拉的大腦，會看到她的大腦灰質比伊恩的大腦少了許多，但她的大腦運作得比伊恩的大腦好太多。你也會看到一些狀況，能夠證實我先前簡短提到的一件事：髓鞘形成了，那是大腦白質的強化構造。

形成髓鞘

用以形成髓鞘的髓磷脂（myelin）是一種脂質，包裹著長長的軸突，也就是神經元很像尾巴的部分；軸突能讓神經元與遠處的其他神經元彼此聯繫溝通。髓磷脂就像是電線外面的絕緣構造，作用是鞏固訊息傳遞的途徑，因此訊息能以比較有效率的方式傳遞過去。要形成髓鞘，首先軸突不能被修剪掉；沒有常常用到的軸突會被修剪掉。因此，軸突上面如果有很多連結是經常用到的，就表示那個軸突沒有死掉，於是可以形成髓鞘。軸突一旦形成髓鞘而強化了，那些神經元就比較不會消失或變弱——這能夠解釋為什麼反覆的練習很有效。

196

蘿拉的青春期大腦已發育到很多額外的灰質都已修剪掉的階段,而髓磷脂正在讓留下來的連結逐漸強化。她不斷精進自己的能力,逐漸達到真正的專家水準,因為神經元的電訊號能夠沿著她的神經網絡傳遞得快速又確實。不過呢,也許伊恩和麥可還留有額外的灰質,所以他們會比較容易開始學習新的能力。蘿拉現在則是努力精進自己先前選擇的能力。但我們應該永遠記住,不管什麼年紀的人都可以學習新技能,只是年輕人可能覺得學起來比較容易。

連跑帶跳,突飛猛進

很多教師和父母都注意到,到了青春期的後期,青少年突然間有很多能力都大幅躍進。而且很多青少年自己也會注意到。突然之間,你可能會「得到」某種能力,那是以前根本辦不到的。

在這個時機,如果能夠觀察你的大腦內部,你會看到很多新腦區的分枝全都修剪好了,軸突也都覆蓋了脂質的髓磷脂外套。新的知識片段、新的能力、新的理解,每一方面都安頓下來,讓你在未來好好運用。

「這一切全是自動的嗎?我能不能就坐著不動,等它全部完成?」

可惜不行。大腦的運作基礎是「用進廢退」,由於你著

手嘗試、實行、學習、練習某件事，大腦才發展出相關網絡。你實行得越多，參與的活動種類越多，你的大腦就越善於進行那些活動，整體運作也會越好，因為優秀的大腦需要所有的腦區共同運作得非常順暢。

研究人員以大鼠做過測試：他們拿玩具給一群大鼠，也找來其他幾隻大鼠跟牠們作伴，因此那群大鼠有很多事可做，生活中具備有趣的消遣。[62]還有另一群大鼠，研究人員沒有給牠們任何東西：沒有玩具，也沒有其他大鼠可以作伴。幾個月後，研究人員觀察兩群大鼠的大腦，發現一些實質上的差異：忙碌大鼠的大腦皮質比較厚（大多數是灰質或神經元），神經膠細胞也比較多——神經膠細胞為神經元提供食物和支持保護。研究人員也認為牠們大腦的突觸和樹突比較多，雖然無法用定量的方式來描述。

我們上了一課：忙碌就表示腦筋動個不停。你做了越多事，你可以做的事就越多。

如果能觀察一位小提琴家的大腦，你會在負責控制左手手指的腦區發現有額外的樹突和突觸。[63]這個人成為小提琴家，並不是因為這種額外的生長；這些細胞的生長和連結，是因為手指不斷移動的關係。你可以改變你的大腦。

說真的，無論你做什麼事，你的大腦都會在青春期的初期經歷灰質增加的階段，在那之後，灰質又會減少或受到修

剪。不過呢，你發展出來的能力和你逐漸擅長的事物，都要看你怎麼運用那些生長和修剪的階段，以及你有多努力去建立那些能力。你有很多選擇，而你花最多時間學習的事物，就會是你最擅長的一些事。因此，無論你有沒有做出選擇，青春期都會發生，不過會因為你的選擇而有不同的發生方式。也會有一些事情是你無法控制的，包括在你的個人生活、你的家庭和你的朋友群之中可能會面臨的一些挑戰。

比較「資深」的青少年會得到哪些靈巧的能力？

聽懂笑話：年紀比較小的孩子和青少年當然也聽得懂笑話，不過你能聽懂或覺得好笑的笑話類型會改變。到了成年生活期間，笑話類型可能也會改變，因為你遇見了新朋友，有了新的經驗。你覺得好笑的電視節目類型也會改變。還有一件重要又可怕的事：你父母覺得好笑的一些事，你甚至也會覺得很好笑！我可不是在開玩笑哦。

建立連結：你可能會發現自己聽到或學到某件事，而突然之間，你能把那件事與另一件完全不同的事情串連在一起。你可能正在討論宗教教育的某件事時，突然聯想到歷史、政治、哲學或音樂方面的另一件事。

能夠理解兩件不同的事有可能同時都是對的：你開始發現，有些概念和事實不見得非黑即白。你漸漸能夠理解，理性的

人也可以抱持著兩種看似彼此矛盾的信念。舉例來說，你可能突然發現，對啊，你父母確實很信任你和你的男／女朋友，但他們不會讓你們睡在同一個房間裡。你將可以用比較大的格局來看事情，即使你可能不喜歡那些的看法。

能夠掌握主題和深層的意義：你會發展出欣賞書籍、戲劇、詩作、藝術和語言精妙之處的能力，有時候會突然進步。例如英語課的教師會注意到，孩子在十四到十六歲之間，闡述文學作品意義的能力出現大幅躍進，而且女生通常比男生早一點到達這個階段。對於同年級的男孩來說，年齡較小的男孩可能會在發展這些技能上遇到困難，但他的數學能力可能非常出色。不過整體來說，只要努力練習都會學習得比較好，所以如果男生願意投入時間，同樣可以發展出這些能力。

提出自己的遠大構想：青少年逐漸長大後，比較能夠建立自己的信念和看法。在此之前，你通常會相信身邊的人所說的話，包括你的父母、某位老師，或者某位視為榜樣的人，或者你從電視節目聽到的事情。或者，你抱持著非常強烈的意見，但那比較像是直覺反應，而不是你努力想出來的。不過呢，你漸漸開始發展出自己的看法，也發現你有了自己的信念系統。你的信念還是可以改變，可能一輩子都會變來變去，不過你會比較有能力好好表達和證明。

在很多民主國家，能夠投票選舉的年齡、能夠合法飲酒

和抽菸的年齡，還有能夠同意從事性行為的年齡，都是設定在十六到二十一歲之間，這並不是巧合；至於設定在幾歲，則要看不同議題和國家而定。在這樣的年紀之間，你變得比較能為自己做出最好的決定。

「到了青春期的尾聲，我們的大腦為何運作得這麼好？」

我們再一次用各種不同的角度來看看原因吧。請記得，這些角度全都彼此相關，基本上我們的生物特質是經由演化而來，大多數的行為也是因此而來。

理論 1：因為我們接受了良好的教導

我們有這麼多靈巧的發育和嶄新的能力，也許是因為接受了良好的教導。也許因為我們在學校待了這麼多年，才變得這麼靈巧。

嗯，我們學習和練習新事物之後，大腦確實改變了，但這不足以解釋大腦所出現的戲劇性變化，以及同樣的變化為何似乎發生在全世界的人類社會裡[64]，無論人們的童年是否在學校度過。如果大腦沒有適當的發育，則無論以優良的教法教了多少次，都無法把你轉變成優秀的思想家、作家、數

學家或棒球選手。

有趣的是，你有時候會聽說一些孩子是數學超級天才，早在十歲就通過中學考試，跑去讀大學。不過你從沒聽說同樣的狀況發生在語言方面，無論孩子在年幼時被教導得多好，人類的大腦就是不會那樣運作。因此我會認為，我們變得有能力做這麼多事，主要是因為我們的大腦就是以這種方式發育成熟，而不是因為我們在學校學習很多事，大腦才以這種方式生長成熟。（不過你絕對可以提升大腦的運作狀況，甚至可以從好幾個方面來改變它。）

理論 2：與演化有關

這個理論則是反過來說：聰明的大腦讓人類具有優勢，所以聰明的大腦代代相傳給子孫。複雜的人類社會能夠變得越來越複雜而成功，是因為我們擁有優秀的大腦，而大腦又因此而變得更優秀。

人類可以成為音樂家、水管工人、設計師、政治家、醫師、清潔人員、運動員、工程師、學者、作家、歌手、廚師、哲學家、園丁等等……名單無止境。只要有意願，我們可以選擇冒險犯難，我們可以培養嗜好，我們在假日可以整天耍廢，也可以去激流泛舟。每一代的人類都累積了知識，然後透過父母、教師和書籍傳遞給下一代。不過有些知識失傳了。我們的社會真的超級複雜，有些人住在城市裡，其他人住在村落或鄉間；有些人身處於民主社會，有些人則生活在獨裁國家；有些人身處於戰火之下，有些人則處於和平狀

態。我們曾經登陸月球，也讓一架太空飛行器降落在火星上。

你說不出任何一種動物有同樣的發展。其他動物日復一日做著預先設定要做的事，以便存活的時間夠長，足以將牠們的基因傳遞給下一代。人類則遠不只如此。

為了達成這一切，我們需要令人驚奇的人類大腦。這種大腦聰明到竟然可以觀察自己內部的狀況，這是其他動物辦不到的。因此，我們的童年和青春期的時間都很長，而在青春期這段期間，我們的大腦大幅生長，於是可以成為每一種人，包括鋼琴家、政治家、廚師到電腦科學家。不過身為個人，我們不需要成為每一種人，也沒有那種時間。因此，大腦把我們不需要的部分修剪掉，接著把曾經大量使用的部分加以強化，讓我們的大腦很擅長做某些事。大腦讓我們可以在無窮複雜的社會裡發揮功能，於是可以把自己的基因傳遞給下一代——如果我們願意的話。而且事實上，我們有這麼優秀的大腦，最好的證據也許是我們打敗了演化：大自然預先設定所有動物都要做的事，我們可以選擇不要做，就是生殖。

幫自己測驗看看！

測試你的腦力

這裡有一些題目，需要你用不同的方式來動動腦。慢慢來，需要的話用紙筆來作答。過程不要慌張，就是要好好玩啊！

1　挑出格格不入的一個詞：

相信　　說　　希望　　思考　　感覺　　決定

2　下一個數字會是什麼？

1　　2　　3　　5　　8　　13　　21

3　下一個字母會是什麼？

A　　D　　C　　F　　E　　H　　G　　J　　I

4　在以下的兩個空格裡分別填入兩個字母，於是左邊和中間構成一個新的英文字，中間和右邊也組成一個新的英文字：

（例如：LAD L E APT＝LADLE 和 LEAPT）

FINE　　RIPE　　BUN　　IN

5　鋼筆相對於墨水，而汽車相對於：

車庫　　駕駛　　鑰匙　　汽油　　油箱

6　如果我的體重是我自己體重的75%加13公斤，我的體重到底是多少？

7　卡里姆比馬克矮。馬克比山姆高。以下那個敘述是對的？

a) 卡里姆比山姆高。

b) 山姆和卡里姆的身高一樣高。

c) 卡里姆比山姆矮。

d) 沒辦法判斷卡里姆和山姆誰比較高。

8　先閱讀這些敘述：

a) 有些政治家是騙子。

b) 所有騙子的耳朵都偏小。

如果兩個敘述都是對的，就表示有些耳朵小的人一定是政治家？

9　以下哪一種情況比較好？把錢交給：

a) 需要的人

b) 應得的人

c) 會找出最妥善的用途的人

好了，翻過這一頁，看看各題的答案和分析。

答案和分析

1 說：只有這個詞是大聲說出來，其他則是默默的想法。

2 34：每一個數字都是前兩個數字加起來的結果。這是「斐波那契數列」（Fibonacci sequence），數學和大自然有很多方面都出現這個數列。

3 L：這個字母列是：往前三個，後退一個，再往前三個，後退一個，以此類推。

4 ST（FINEST和STRIPE）以及CH（BUNCH和CHIN）

5 汽油：鋼筆要加墨水才能使用；同樣的，汽車要加汽油才能使用。而且墨水是鋼筆裡面的液體，汽油是汽車裡面的液體。

6 52公斤：13公斤一定是整個人體重的25%，因為我們得知體重的100%是由體重的75%加上13公斤。如果13公斤是體重的25%，整個人的體重一定是13公斤的4倍，因為100%=4x25%。於是13x4=52。

7 d：沒辦法判斷，因為我們只知道馬克的身高比山姆和卡里姆都要高，但我們不知道山姆和卡里姆誰比較高。

8 是的：每一個騙子的耳朵都很小，而有些騙子是政治家，所以那些人的耳朵一定很小。可能也有一些政治家不是騙子，而有些耳朵小的人不是政治家。

9 你覺得呢？你必須考慮的重點會是什麼？為了公正回答這個問題，你會需要提出什麼樣的問題？在你的討論裡，你提出的每一個問題都可以有自己的答案！能夠提出問題，表示你有一顆很棒的大腦，而且努力想

要變得更好。

　　你覺得最困難的是哪幾道題目？還是覺得其中幾題很簡單，另外幾題讓你的腦袋既糾結又困惑？有沒有幾題讓你很慌張，拚命想要解開答案？你有沒有選擇以紙筆來幫忙作答？你是使用試誤法，還是運用邏輯思考來解題？你比較喜歡數字題還是文字題？你喜歡做哪一類型的題目？

　　很多不同的能力結合起來，構成你的智力。言語能力（以文字為基礎）、數字能力、邏輯推理、看出模式和序列、空間能力（參見第5章的「幫自己測驗看看」）、記憶、常識、能夠分類、比較和注意到差異⋯⋯我們需要各式各樣的能力，才會變得越來越聰明。我們可以透過練習、指導和協助來提升所有的能力。每個人都有自認比較擅長的事情，也有自認比較不擅長的事，不過如果願意提升自己的能力，所有的弱點都是可以加強的。

　　另一方面，有些歷史上最優秀的發明家或天才人物並沒有在智商測驗拿到高分。有時候他們在某個領域非常優秀，卻不在乎其他領域。或許那不是什麼壞事。也許我們需要有些人在一、兩種能力方面特別優秀。也許你就會成為那樣的人。

　　如果你覺得哪幾道題目最簡單，不妨想一想那幾題似乎需要什麼樣的能力，看看能不能找到一些謎題書或網站，讓你腦中連線狀況超好的那些區域做更多的練習，就是那些腦區讓你覺得這些謎題很簡單。不過呢，如果能夠確認哪些領

域對你來說比較困難，針對它們做更多的練習，對你的幫助會更大。因為啊，如果這本書應該要告訴你一件重要的事，那就是：你可以透過身體力行、再三練習和不斷嘗試來改變你的大腦。心理學家也會說，你可以透過「相信」來改變你的大腦。我相信他們說得有道理。

睿智的古希臘哲學家柏拉圖和他的追隨者有一句格言：認識你自己（Know Yourself）。這是一句很棒的格言，不過還有更棒的：讓你自己成長（Grow Yourself）。

若想參考更多資訊，以及更多的智力測驗和性格測驗，不妨造訪這些網站：

門薩學會：www.mensa.org.uk
臺灣門薩學會：www.mensa.tw
心理測驗網站：www.queendom.com
智商測驗網站：www.iqtest.com

不過呢，如果想讓你的大腦真正用開放的心態去運作，並幫助你擁有優秀的思考能力，不妨試試這本書：英國哲學家史蒂芬・洛（Stephen Law）所寫的《哲學體操》（*The Philosophy Gym: 25 Short Adventures in Thinking*，繁中譯本由稻田出版社出版）。

結論

　　人類的大腦令人嘖嘖稱奇，一團灰色的物質能讓你完成你所完成的每一件事情、思考你曾思考的每一個想法，就是這些事情和想法讓你活著，讓你成為獨一無二的你，與全世界的其他每一個人都不一樣。不過呢，你的大腦發揮的一些功能，確實是所有人類都一樣。其中一件重要的大事，就是在幾年之間堅持讓你成為青少年——不再是兒童，還不是成年人。

　　我對青春期思考得越深入、認識的青少年越多，就越是感到不可思議，體認到這是一段非常特別的時光，你們青少年的生活和大腦都經歷了好多好多事。我對於很多青少年必須面對的事，以及你們採取的處理方法，全都充滿了敬意。我寫這本書還有一個原因，就是希望其他成年人也能了解這一點，能夠停下來一會兒，好好思考一番。

　　你的大腦代表你現在是什麼樣的人，也代表你以後會成為什麼樣的人。你對自己的大腦了解得越多，如同現在嘗試讀這本書，你就越能幫助自己控制大腦。只不過有時候呢，你會對自己的大腦束手無策，因為你的大腦和你的生物特質接手掌控一切。那麼，不要客氣，你可以這樣大喊：「不要怪我，都怪我的大腦啦！」

　　身為青少年，你要毫不遲疑，用盡全力，大聲喊出來！

後記

　　沒有人完全了解人類大腦的運作方式。就連神經科學家、心理學家、精神病學家或演化生物學家也一樣。而我並不是這些方面的專家，我怎麼敢寫這本書，試圖「揭露」神奇的青少年大腦運作之謎？

　　我對人類的大腦和各種行為深深著迷。這項興趣從很多年前就開始了，當時我正在接受訓練，準備教導有閱讀障礙的人。就在那時，我觀察大腦的各種差異，漸漸感到好有趣，也開始說得出意義了。就像是看到一塊複雜拼圖的邊緣。

　　大腦激起我的好奇心，於是我一直很熱中於閱讀相關資訊。到現在還是一樣，只要找到最新的研究和概念就努力閱讀，嘗試把這些新知與現實世界各式各樣的經驗互相對照，我是從青少年和照顧他們的成年人身上收集到這些經驗。其實很多主題都一樣，有時候科學理論互相矛盾，專家也沒有達成共識，而我的任務是嘗試找到一個平衡點，提出合情合理的敘述，盡可能呈現真實的狀況。我始終抱持開放的心態，檢視某個論點的各種不同觀點，並記住答案常常不是對錯的問題，而是存在各種不同的解釋，所有的解釋都可能包含了事實。

　　神經科學家、心理學家、精神病學家和演化生物學家，

各自從不同的角度去研究大腦。我發現每一個角度都同樣引人入勝。我也是一位母親，並且曾經教過青少年。我現在是為了青少年而寫這本書。我覺得自己很了解青少年。而且還用說嗎？我自己以前也曾是青少年。

　　我想，就是因為這樣，我才敢寫這本書。

致謝

大大感謝拜倫—科恩（Simon Baron-Cohen）教授、布雷克摩爾（Sarah-Jayne Blakemore）教授、海耶斯（Stephanie Burnett Heyes）博士、艾克曼（Paul Ekman）博士、格林菲爾德（Susan Greenfield）教授、瓊斯（Murray Johns）博士、史坦恩（John Stein）博士、尤格倫—陶德（Deborah Yugelun-Todd）博士和祖克曼（Marvin Zuckerman）教授，感謝他們為這本書之前幾個版本的慷慨協助或鼓勵。他們讓我有了信心，認為我確實了解他們的研究。當然，如有任何錯誤都是我的錯。

至於這個最新修訂版，我也要感謝許多年輕人的參與和構想，特別是十七歲的伊芙，以及優秀的心理系學生海芬（Amelia Heaven）。我也感謝埃普索姆學院（Epsom College）和樸茲茅斯文法學校（Portsmouth Grammar School）的教職員和學生，他們分別由基維爾（Helen Keevil）和哈特（Bryony Hart）兩位退休教師負責帶領。另外，多年來我也與許多學生和專業人士互相交流，他們協助讓這本書跟上現代相關議題的潮流。

名詞解釋

adolescence 青春期：介於兒童和成年人之間的過渡期，約從十歲持續到二十多歲。

adrenalin 腎上腺素：一種激素，特別與壓力反應有關；會讓心跳加速。

amygdala 杏仁核：大腦裡面「邊緣系統」的一小部分；與本能反應、直覺和壓力反應有關。

anorexia nervosa 神經性厭食症：飲食失調疾病，患者限制食物攝取的狀況非常危險，有時候再加上運動過度。

axon 軸突：神經元的一部分，像尾巴一樣長長的。軸突把訊息傳送給其他神經元。

basal ganglia 基底核：由大腦內部深處的好幾個構造所組成，參與控制我們的活動、學習、記憶和情緒。

bulimia 暴食症：飲食失調疾病，患者暴飲暴食，接著的反應是嘔吐、催吐、催瀉，或過度運動。

cerebellum 小腦：這個腦區對於協調和活動、某些記憶類型和說話方式非常重要。之所以有「小腦」這個名稱，是因為看起來很像大腦裡面的小型大腦。

cortex 皮質：大腦的外層，主要包含神經元／灰質。厚度大約只有 2 公分，但覆蓋了很大的面積，又需要收納在頭骨內部，因此人類的大腦看起來有非常多的皺褶。

cortisol 皮質醇：一種壓力激素。

dendrite 樹突：神經元的一種分支。樹突透過突觸與其他神經元建立連結，負責接收訊息。

dopamine 多巴胺：一種神經傳導物質，與我們渴望尋求刺激／愉悅有關，例如食物、性、冒險、嶄新的經驗。

frontal cortex 額葉皮質：皮質的前方區域，包含了前額葉皮質，以及運動皮質和其他腦區。

glial cells 神經膠細胞：你的大腦有很大部分是由神經膠細胞所構成，這是很簡單的構造，科學家認為它們的工作是讓所有東西結合在一起、清除死掉的細胞，並製造髓磷脂，把軸突包裹起來。

grey matter 灰質：絕大部分是神經元，絕大部分位於皮質裡。一般認為這是你的大腦裡面最重要的細胞。

hippocampus 海馬迴：這個腦區對於記憶的許多方面都很重要。之所以有「海馬」這個名稱，是因為它的形狀很像海馬。

hormone 激素：激素是一些特殊的化學物質，對我們的很多方面造成影響。有些激素是在大腦裡面製造出來，有些則不是，不過所有的激素都由大腦負責調控。每一種激素都有特定的任務，影響的方面像是飢餓、生長、情緒、壓力，以及男性／女性的行為。

limbic system 邊緣系統：這些腦區主要與情緒、潛意識或反射行為有關。有時候稱為「爬蟲腦」。

melatonin 褪黑激素：這種激素受到腦部「生理時鐘」的控制，調控我們的睡眠。

mirror neuron 鏡像神經元：我們光是看著別人做著某種動作，這類神經元就會發揮作用。它反映出那個動作，讓我們只是在旁觀看，就能跟著演練那個動作。

neuron 神經元：最重要的一種大腦細胞，你擁有的神經元數量介於850億到1000億個之間。

neurotransmitter 神經傳導物質：這種化學物質是在突觸製造出來，讓訊息能在神經元之間傳遞。目前已發現大約五十種不同的神經傳導物質，每一種都在它自己的系統內執行特定的任務。多巴胺就是一個例子。

oestrogen 雌激素：這種性激素主要出現在女性體內，對女性的身體特徵和一些行為非常重要。

prefrontal cortex 前額葉皮質：是額葉皮質最前端的區域，對於以下這些能力不可或缺：對結果和風險進行預測和評估、做決定、控制自己的行為、建立道德感。

puberty 青春期：青春期的開端，身體開始從兒童轉變為成年男性和女性的身形。

REM sleep 快速動眼期睡眠： 這是深層睡眠的階段，大多數的夢境出現在這時候。每一天晚上，你通常會有四到五個快速動眼期階段，不過你可能不會記得那些夢境。

schizophrenia 思覺失調症：這是一種精神疾病，患者的信念和感知與大多數人不一樣。

serotonin 血清素：這是一種神經傳導物質，負責產生滿足和平靜的快樂等感受；也會影響睡眠、疼痛和食欲。

spatial skill 空間能力：這種能力可在你的腦中操縱形狀，

在腦中從另一個角度觀看那個東西，並判斷距離和角度。

synapse 突觸：一個神經元的樹突與另一個神經元的軸突之間的連接處。其實是個微小的間隔，而不是一個接觸點。訊息會跨越突觸，傳遞給其他的神經元。

testosterone 睪固酮：這種性激素主要出現在男性體內，對於男性身體特徵和一些行為很重要。

ventral striatum 腹側紋狀體：基底核的一部分，其功能複雜且尚未完全被理解，既能接收情緒方面的訊息，也能調節動作的某些方面。

white matter 白質：大腦的大部分都是由白質所構成，位於灰質的下方。白質的主要成分是形成像尾巴的軸突和神經膠細胞。

建議進一步閱讀的書籍和網站

編按：補充臺灣讀者適用資訊。

書籍

- 《你不可不知的五十個腦科學知識》（*50 Human Brain Ideas You Really Need to Know*），莫赫布・科斯坦迪（Moheb Costandi）著
- 《大腦如何運作》（*How the Brain Works*），英國DK出版
- 《大腦的隱秘生活》（*The Private Life of the Brain*），蘇珊・格林菲爾德（Susan Greenfield）著
- 《性別錯覺》（*Delusions of Gender*），科迪莉亞・法恩（Cordelia Fine）著
- 《男女大腦的基本差異》（*The Essential Difference - Men, Women and the Extreme Male Brain*），西蒙・拜倫—科恩（Simon Baron-Cohen）著

我寫的書

- 《青少年壓力指南》（*The Teenage Guide to Stress*）
- 《青少年交友指南》（*The Teenage Guide to Friends*）
- 《青少年網路生活指南》（*The Teenage Guide to Life Online*）
- 《睡眠的神奇力量》（*The Awesome Power of Sleep*）

- 《成為有韌性的人》（*Be Resilient*）
- 《正向青少年》（*Positively Teenage*）
- 《我的身材就是最棒的身材》（*Body Brilliant*）
- 《迎戰考試攻擊》（*Exam Attack*）

網站

我的網站：www.nicolamorgan.com

青少年大腦／青春期

- 神經科學入門：http://faculty.washington.edu/chudler/neurok.html
- 美國公共廣播公司的《前線》（Frontline）節目，參考〈窺探青少年的大腦〉（Inside the Teenage Brain）這一集：https://www.pbs.org/video/frontline-inside-teenage-brain/
- 澳洲「育兒」（Raising Children）網站：https://raisingchildren.net.au/teens
- 英國「健康兒童」（Healthy Children）網站：https://www.healthychildren.org/English/ages-stages/teen/Pages/Whats-Going-On-in-the-Teenage-Brain.aspx
- 美國「兒童健康」（Kids Health）網站：https://kidshealth.org

心理健康和福祉

- 英國「兒童幫助熱線」（ChildLine）：www.childline.org.

uk

- 英國「撒瑪利亞會」（Samaritans）：www.samaritans.org
- 英國「年輕之心」（Young Minds）：https://www.young-minds.org.uk
- 臺灣衛生福利部113保護專線：撥打免費專線113，或使用網路諮詢：https://ecare.mohw.gov.tw/WebChattingCtrl?-func=getChattingBoardByClient
- 國際生命線臺灣總會：直撥協助專線1995，或諮詢青少年心理健康網路支持平臺：http://www.life1995.org.tw/?aid=2&iid=5
- 財團法人張老師基金會：直撥電話專線1980，或透過其他方式尋求諮詢：https://www.1980.org.tw/service_item_show.php?service_item_id=1

睡眠
- 美國國家睡眠基金會：https://www.thensf.org

營養和飲食失調症
- 打敗飲食失調症組織：https://www.beateatingdisorders.org.uk
- 英國營養基金會：https://www.nutrition.org.uk/life-stages/teenagers/
- 英國非營利組織「年輕之心」：https://www.youngminds.org.uk/young-person/my-feelings/eating-problems/

酒精與毒品

◉ 英國「飲酒意識」組織：https://www.drinkaware.co.uk/
advice-and-support/underage-drinking/teenage-drinking

◉ 臺灣法務部毒品防制中心：二十四小時免費諮詢專線
0800-770-885，亦可參考「反毒大本營」網站：https://
antidrug.moj.gov.tw/mp-1.html

性健康

◉ 英國「青少年健康」網站：https://www.healthforteens.
co.uk/sexual-health/

◉ 臺灣衛生福利部國民健康署「青少年好漾館」網站：
https://health99.hpa.gov.tw/theme/256

註釋

引言頁

1 　愛默生・皮尤（Emerson Pugh）是電腦專家，在IBM工作了三十五年。IBM第一任董事長托瑪斯・華生（Thomas Watson）曾在一九四三年說：「我認為這個世界電腦市場的銷售量大概是五部電腦。」

大腦的基本知識

2 　由義大利帕爾馬大學（University of Parma）的賈科莫・里佐拉蒂（Giacomo Rizzolatti）和同事率先研究。神經科學家拉馬錢德蘭（VS Ramachandran）在這方面有一場精采的TED演講：https://www.ted.com/talks/vilayanur_ramachandran_the_neurons_that_shaped_civilization

3 　這是根據美國神經科學家瑪麗安・戴蒙德（Marian Diamond）教授的著作《豐富的遺傳》（*Enriching Heredity*）。

4 　大衛・休伯爾（David Hubel）和托斯坦・維瑟爾（Torsten Wiesel）就是用小貓做研究得到這項發現，於一九八一年獲頒諾貝爾生理醫學獎，隨後證實同樣的狀況也發生在人類身上。

第1章

5 　神經科學家列維廷（Daniel J Levitin）在英國《衛報》談到現代世界的電子郵件、文字簡訊、臉書和推特等等都需要我們一心多用，這種對科技上癮的狀況會讓人缺乏效率。https://www.theguardian.com/science/2015/jan/18/modern-world-bad-for-brain-daniel-j-levitin-organized-mind-information-overload。

6 　文章可參考：https://www.ncbi.nlm.nih.gov/pmc/articles/PMC3308644/。

7 　參見《衛報》報導〈為什麼現代世界對你的大腦有害？〉，https://www.theguardian.com/science/2015/jan/18/modern-world-bad-for-brain-daniel-j-levitin-organized-mind-information-overload。

8 　英國廣播公司（BBC）曾於二〇一七年報導「打破專注力長度的迷思」（Busting the attention span myth），https://www.bbc.com/news/health-38896790

9 　美國國家廣播公司（NBC）曾於二〇一三年報導過「最常一心多用的人最不能一心多用」（People who multitask the most are the worst at it），https://www.nbcnews.com/health/body-odd/people-who-multitask-most-are-worst-it-flna1c9386792。

10　美國德州大學網站曾報導〈研究顯示，光是有你的智慧型手機的存在，就會讓你智力下降〉（The Mere Presence of Your Smartphone Reduces Brain Power, Study Shows）。參見https://news.utexas.edu/2017/06/26/the-mere-presence-of-your-smartphone-reduces-brain-power/。

11　舉例來說，可閱讀布雷克摩爾教授在二〇一〇年的研究，參見英國《衛報》的報導：https://www.theguardian.com/science/2010/may/31/why- teenagers-cant-concentrate-brains。

第2章

12　參考美國和英國幾位重要科學家公開發表的論文和訪談，包括傑伊·季德（Jay Giedd）、丹尼爾·羅莫（Daniel Romer）和布雷克摩爾。季德的訪談：https://www.pbs.org/wgbh/pages/frontline/shows/teenbrain/interviews/giedd.html。

13　參見Frontiers開放期刊平臺的報導〈青春期大腦真令人驚嘆〉（The Adolescent Brain Is Literally Awesome）：https://kids.frontiersin.org/articles/10.3389/frym.2020.00075。

14　這項研究是由美國麻州麥克萊恩醫院（Mclean Hospital）的黛博拉·尤格倫－陶德（Deborah Yurgelun-Todd）博士所進行。

15　布雷克摩爾教授是重要的神經科學家，主要研究青春期。她在這裡談到理解心理狀態和觀點取替（perspective-take）能力：https://www.bps.org.uk/psychologist/social-brain-teenager。還有其他有用的資訊，可在Frontiers開放期刊平臺的這篇科學評論內找到：https://www.ncbi.nlm.nih.gov/pmc/articles/PMC6022279/。

16　例如〈社交腦在青春期的發育〉（Development of the social brain in adolescence），https://pmc.ncbi.nlm.nih.gov/articles/PMC3308644/。

17　參見美國賓州匹茲堡大學「神經認知發展實驗室」主任碧翠絲·魯納（Beatriz Luna）的研究。

18　參見〈激素：大腦和身體間的溝通〉（Hormones: Communication between the Brain and the Body），https://www.brainfacts.org/brain-anatomy-and-function/cells-and-circuits/2012/hormones-communication-between-the-brain-and-the-body。

19　例如〈靈長類在出生後的前額葉皮質發育期間，第三層錐體神經元興奮性突觸功能上的成熟〉（Functional Maturation of Excitatory Synapses in Layer 3 Pyramidal Neurons during Postnatal Development of the Primate Prefrontal Cortex），Gonzalez-Burgos G, Kroener S. and others - Cereb Cortex 2008 Mar; 18(3);626-37. Pub 2007 Jun 24。https://pubmed.ncbi.nlm.nih.gov/17591597/。

20 這是根據美國加州大學戴維斯分校「加州靈長類研究中心」瑪麗‧古勒伯（Mari S. Golub）的研究。

21 例如二〇一四年的一篇文章：〈押注在自己、朋友和對手身上：在青少年的酬賞歷程中，情感腦區和社交腦區的不同貢獻〉（Gambling for self, friends, and antagonists: differential contributions of affective and social brain regions on adolescent reward processing），這是荷蘭萊頓大學（Leiden University）心理學研究所的芭芭拉‧布拉姆（Barbara R Braams）等人所做的研究。

22 根據理查‧西托維奇（Richard Cytowic）所著的《品嘗形狀的人》（The Man Who Tasted Shapes）一書。

第3章

23 我查閱過資料的主要研究員，也是報紙和其他文章中最常被引用的人物，是布朗大學（Brown University）和羅德島 E.P. 布萊德利醫院（E.P. Bradley Hospital）的 瑪莉‧卡斯克敦（Mary A. Carskadon）博士。

24 這些測試包括瑪莉‧卡斯克敦和同事所做的許多研究。

25 請參考美國睡眠基金會提供的資訊：https://www.sleepfoundation.org/mental-health。

26 請參考這篇文章：https://pubmed.ncbi.nlm.nih.gov/18979946/。

27 美國國家睡眠基金會的「二〇〇〇年美國睡眠普查報告」（2000 Omnibus Sleep in America Poll, OSAP），是在一九九九年的十月到十一月間進行調查。

28 根據美國芝加哥大學睡眠專家伊芙‧范考特（Eve Van Cauter）教授的研究，科學作家芭芭拉‧史特勞奇（Barbara Strauch）的著作《他們為何如此不可思議？》（*Why are They so Weird?*）書中有相關報導。

29 這項研究是由美國加州大學舊金山分校的神經科學家馬可斯‧法蘭克（Marcos Frank）所做，二〇〇一年四月發表於《神經元》（*Neuron*）期刊，也廣泛見於其他地方。

30 這項研究是由瑪莉‧卡斯克敦和她的同事所做。

31 參見〈該上床睡覺了：在青春期，父母訂定的睡覺時間與改善睡眠和日間表現有關〉（Time for Bed: Parent-Set Bedtimes Associated with Improved Sleep and Daytime Functioning in Adolescents），蜜雪兒‧蕭特（Michelle A. Short）等人做的研究，https://www.ncbi.nlm.nih.gov/pmc/articles/PMC3098947/；〈青春期的睡眠：完美風暴〉（Sleep in Adolescents: The Perfect Storm），由瑪莉‧卡斯克敦所寫，https://

www.ncbi.nlm.nih.gov/pmc/articles/PMC3130594/。

32　《今日美國報》（*US Today*）於二〇〇〇年十一月二十七日報導這項研究的結果。（亦可參考註釋20）

33　根據美國國家睡眠基金會於二〇〇六年所做的「美國睡眠普查」，參見：https://www.sleepfoundation.org/wp-content/uploads/2018/10/Highlights_facts_06.pdf。

34　根據這篇文章「重新建構年輕駕駛人魯莽駕駛行為的概念」（Re-conceptualising the reckless driving behaviour of young drivers）McNally, B. and Bradely, G.,2014.，參見：https://pubmed.ncbi.nlm.nih.gov/24831269/。

35　根據美國全國安全委員會（National Safety Council）於二〇二一年探討「疲勞駕駛」的網頁內容，參見：https://www.nsc.org/road/safety-topics/fatigued-driver?。

36　參見：https://pubmed.ncbi.nlm.nih.gov/27054407/。

第4章

37　例如美國心理學家勞倫斯・史坦伯格（Laurence Steinberg）的研究，〈從社會神經科學的觀點來看青少年的冒險行為〉（A Social Neuroscience Perspective on Adolescent Risk-Taking），參見：https://www.ncbi.nlm.nih.gov/pmc/articles/PMC2396566/。

38　例如這項研究：〈與眼窩額葉皮質有關的依核發育得較早，可能構成青少年冒險行為的基礎〉（Earlier development of the accumbens relative to orbitofrontal cortex might underlie risk-taking behavior in adolescents），由美國心理學家蓋爾凡（Adriana Galvan）等人於二〇〇六年發表在《神經科學期刊》（*Journal of Neuroscience*）26. 6885-6892 (2006)，參見：https://www.jneurosci.org/content/26/25/6885。

39　參考美國心理學家齊默曼（Marc A. Zimmerman）等人於一九九七年發表的研究，https://link.springer.com/article/10.1023/A:1024596313925。

40　例如〈青少年發育和少年法庭〉（Adolescent development and juvenile justice）一文，由美國心理學家史坦伯格（Laurence Steinberg）於二〇〇九年發表在《臨床心理學年度評論》（Annu. Rev. Clin. Psychol. 2009. 547-73），https://pubmed.ncbi.nlm.nih.gov/19327037/；亦可參考心理學家艾比蓋兒・貝爾德（Abigail Baird）的研究，https://www.newscientist.com/article/dn6738。

41　〈有同儕在場時，青少年對於冒險行為之報酬的敏感度會提高〉（Presence of peers heightens teens sensitivity to rewards of a risk），

「每日科學」網站：https://www.sciencedaily.com/releases/2011/01/110128113428.htm。

42　參見英國年輕人健康協會的二○一九年調查報告：https://www.researchgate.net/profile/Ann-Hagell/publication/336086623_HIGHLIGHTS_Key_Data_on_Young_People_2019/links/5d8de67f458515202b6d67fe/HIGHLIGHTS-Key-Data-on-Young-People-2019.pdf。

43　你會在網路上找到很多統計數字，根據在許多不同國家所進行的廣泛研究，我建議從「理性飲酒」（Drinkaware）網站著手，例如〈理性飲酒觀察：年輕人報告〉（Drinkaware Monitor: Young People Report），https://www.drinkaware.co.uk/research/research-and-evaluation-reports/drinkaware-monitor-young-people-report；美國的狀況可參考〈監測報告一○七號：美國的未成年人飲酒趨勢〉（Surveillance Report *107: Trends In Underage Drinking in the United States*, 1991–2015），Bethesda. MD，國家酒精濫用和酒精中毒研究院（National Institute On Alcohol Abuse And Alcoholism）於二○一七年三月提出。

44　根據美國杜克大學臨床心理學家史考特・舒瓦茲維德（Scott Swartzwelder）的研究。

45　參考美國物質濫用和心理衛生署（Substance Abuse and Mental Health Services Administration, SAMHSA）二○一九年的「全國藥物濫用及健康調查」（National Survey on Drug Use and Health）。

46　美國行為健康統計與品質中心所做的二○一九年「全國藥物濫用及健康調查」（NSDUH-2019-DS0001），https://www.datafiles.samhsa.gov/dataset/national-survey-drug-use-and-health-2019-nsduh-2019-ds0001。

47　舒瓦茲維德的研究，〈在發育未成熟和已成熟的海馬迴裡，由氮－甲基天門冬胺酸（NMDA）受體居中傳遞的突觸電位對乙醇的不同敏感度〉（Differential Sensitivity of NMDA Receptor-Mediated Synaptic Potentials to Ethanol in Immature Versus Mature Hippocampus），發表於《酒精中毒：臨床與實驗研究》（*Alcoholism: Clinical and Experimental Research*）期刊，一九九五年第十九卷。

48　參考 Sandra A. Brown, Susan F. Tapert, Eric Granholm 和 Dean C. Delis，〈青少年的神經認知功能：長期喝酒的效應〉（Neurocognitive functioning of adolescents: Effects of protracted alcohol use），發表於《酒精中毒：臨床與實驗研究》（*Alcoholism: Clinical and Experimental Research*）期刊，二○○○年第二十四卷。

49　參考英國「酒類教育信託」（Alcohol Education Trust）的網頁，收集

許多關於年輕人飲酒的統計數字：https://alcoholeducationtrust.org。

50　英國衛生與社會照護資訊中心（HSCIC）的〈二〇一八年英國年輕人抽菸、喝酒和嗑藥報告〉（Smoking, Drinking and Drug Use among Young People in England 2018），二〇一九年出版。

51　參考〈青少年的司法〉（Justice for teens）一文，參見：https://www.apa.org/monitor/2017/10/justice-teens。

第5章

52　參考拜倫－科恩等人在「對話」（The Conversation）網站發表的文章：〈一項新的大型研究確認了自閉症的極端男性腦理論；結果不是，這並不表示患有自閉症就缺乏同理心或比較『男性化』〉（Extreme male brain theory of autism confirmed in large new study – and no, it doesn t mean autistic people lack empathy or are more male ），https://theconversation.com/extreme-male-brain-theory-of-autism-confirmed-in-large-new-study-and-no-it-doesnt-mean-autistic-people-lack-empathy-or-are-more-male-106800。

53　參見這篇文章：〈解釋自閉症的性別比例〉（Autism s sex ratio, explained），https://www.spectrumnews.org/news/autisms-sex-ratio-explained/。

54　參考《自然》期刊的這篇文章：〈經歷一樁小事故之後，女孩比男孩展現較大的同理心〉（Girls exhibit greater empathy than boys following a minor accident），https://www.nature.com/articles/s41598-021-87214-x。

55　參考《心理神經內分泌學》期刊的這篇文章：〈進行『判讀眼神的含意』測驗期間，睪固酮降低功能性的連結〉（Testosterone reduces functional connectivity during the Reading the Mind in the Eyes Test ），https://www.sciencedirect.com/science/article/abs/pii/S0306453016300671。

56　參考挪威科技大學的這篇新聞：〈研究顯示男性的方向感比女性好〉（Men have better sense of direction than women, study suggests），https://www.sciencedaily.com/releases/2015/12/151207081824.htm。

57　參考《臨床神經學手冊》期刊的這篇文章：〈語言方面的性別差異很小，但與疾病有關〉（Gender differences in language are small but matter for disorders），https://www.sciencedirect.com/science/article/abs/pii/B9780444641236000072。

58　參考《大腦、行為和認知的不對稱性》期刊的這篇文章：〈認知的性別差異和大腦半球的不對稱性：四十年來研究的回顧評論〉（Cognitive sex differences and hemispheric asymmetry: A critical review of 40 years of research〉，https://www.tandfonline.com/doi/full/10.1080/1357 650X.2018.1497044。

59　參考這篇文章：〈大量運動鍛鍊會影響睪固酮的濃度嗎？〉（Does Working Out Affect Testosterone Levels?），https://www.webmd.com/men/features/exercise-and-testosterone。

60　參考這篇文章：〈青少年心理健康問題的性別差異，以及社交支持的角色：二〇〇八和二〇一三年比利時健康訪談調查的結果〉（Gender differences in mental health problems among adolescents and the role of social support: results from the Belgian health interview surveys 2008 and 2013），https://bmcpsychiatry.biomedcentral.com/articles/10.1186/s12888-018-1591-4。

第6章

61　這項研究是由美國費城的湯瑪士傑佛遜大學的蜜雪兒・厄里許（Michelle Ehrlich）教授和艾倫・恩特瓦德（Ellen Unterwald）博士所做。

第7章

62　根據美國神經科學家查爾斯・尼爾森（Charles A. Nelson）的研究：〈神經的可塑性和人類發育：早期經驗在塑造記憶系統時扮演的角色〉（Neural plasticity and human development: the role of early experience in sculpting memory systems）Developmental Science, 3:2, 2000。

63　參考《比較神經學期刊》（Journal of Comparative Neurology）發表於一九六四年的這篇文章：〈豐富的環境對大鼠的大腦皮質組織產生的影響〉（The effects of an enriched environment on the histology of the rat cerebral cortex），https://onlinelibrary.wiley.com/doi/abs/10.1002/cne.901230110。

64　例如美國人類學家愛麗絲・施萊格（Alice Schlegel）和心理學家赫伯特・巴瑞三世（Herbert Barry, III）於一九九九年出版的書《青春期：一份人類學調查》（*Adolescence: An Anthropological Inquiry*），調查了一百七十個社會；心理學家陳傳升（Chuansheng Chen）與蘇珊・法魯吉亞（Susan Farruggia）於二〇〇二年發表研究〈文化與青春期發育〉（Culture and Adolescent Development），https://scholarworks.gvsu.edu/orpc/vol6/iss1/6/。

你還可以在我的網站 nicoamorgan.com 的「Blame My Brain」頁面上找到更多延伸閱讀和連結。

都怪我的大腦！
揭露青少年大腦的驚人真相
Blame My Brain: The Amazing Teenage Brain Revealed

作　　者	妮可拉‧摩根（Nicola Morgan）
譯　　者	王心瑩

副 社 長	陳瀅如
責任編輯	翁淑靜
特約編輯	沈如瑩
封面設計	Javick Studio
內頁排版	洪素貞
行銷企劃	陳雅雯、張詠晶

出　　版	木馬文化事業股份有限公司
發　　行	遠足文化事業股份有限公司（讀書共和國出版集團）
	231新北市新店區民權路108-4號8樓
電　　話	（02）22181417
傳　　真	（02）22180727
電子信箱	service@bookrep.com.tw
郵撥帳號	19588272木馬文化事業股份有限公司
客服專線	0800-221-029
法律顧問	華洋法律事務所 蘇文生律師
印　　刷	呈靖彩藝有限公司
初　　版	2025年1月

定　　價	400元
I S B N	978-626-314-770-6（平裝本）
	978-626-314-766-9（EPUB）

有著作權‧侵害必究（缺頁或破損的書，請寄回更換）

Copyright © 2005, 2013, 2023 by Nicola Morgan
Inside Illustrations © 2005 Andy Baker
Reproduced by permission of Walker Books Ltd, London
SE11 5HJ
www.walker.co.uk
This edition is published by arrangement with United Agents
through Andrew Nurnberg Associates International Limited.
Complex Chinese edition copyright © 2025 by Ecus Publish-
ing House
All rights reserved.

特別聲明：
書中言論不代表本社／集團之立場與意見，文責由作者自行承擔

都怪我的大腦！:揭露青少年大腦的驚人真相/妮可
拉.摩根(Nicola Morgan)著；王心瑩譯. -- 初版. -- 新
北市：木馬文化事業股份有限公司出版：遠足文化
事業股份有限公司發行, 2025.01
　　面；　公分
譯自：Blame my brain：The amazing teenage brain
revealed
ISBN 978-626-314-770-6(平裝)

1.CST: 青少年 2.CST: 青少年心理 3.CST: 腦部
4.CST: 人類行為

173.1　　　　　　　　　　　　　113017474